自治する まちのつくり方

愛知県新城市の
「全国初の
政策づくり」
から学ぶもの

松下 啓一 著

イマジン出版

自治するまちのつくり方
―愛知県新城市の「全国初の政策づくり」から学ぶもの―

目　次

はじめに……………………………………………………………………… 7

Ⅰ．愛知県新城市
1．新城市はどこにあるのか……………………………………… 10
★設楽原決戦場まつり（竹広・東郷地区）………………… 14
2．新城市の政策………………………………………………… 15

Ⅱ．新城市・全国初の政策
1．若者の居場所と出番をつくる（若者政策）……………… 18
（1）若者政策とは………………………………………………… 18
（2）なぜ若者政策なのか………………………………………… 21
（3）優れているところ………………………………………… 23
（4）若者政策の成果…………………………………………… 25
（5）若者政策が開くもの……………………………………… 32
★有機農業の「SANAE＆TSUTOMU有機菜EN」（富岡・八名地区）……… 33
2．こんな選挙をしていたら、だめだ（公開政策討論会条例）…… 33
（1）市長選挙立候補予定者公開政策討論会条例の意義………… 33
（2）なぜ公開政策討論会条例なのか………………………… 36
（3）優れているところ………………………………………… 38
（4）今後の展開可能性………………………………………… 41
★湯谷温泉（湯谷・鳳来東部地区）………………………… 42
3．公務員と市民の相互乗り入れ（自治振興事務所長の市民任用）… 43
（1）自治振興事務所長（地域自治区）の市民任用…………… 43
（2）なぜ市民任用なのか……………………………………… 45
（3）優れているところ………………………………………… 46
（4）成果と課題………………………………………………… 47
（5）市民任用が開くもの……………………………………… 48

　　　★エコファーマー白井茶園（徳定・千郷地区） ……………………… 49
　　4．みんなで集まる・みんなで話す（市民まちづくり集会）……… 49
　　　（1）市民まちづくり集会 …………………………………………… 49
　　　（2）なぜ市民まちづくり集会なのか ……………………………… 51
　　　（3）優れているところ ……………………………………………… 53
　　　（4）市民まちづくり集会から生まれたもの …………………… 54
　　　（5）市民まちづくり集会の展望 ………………………………… 56
　　　★旧大野銀行（大野・鳳来東部地区） …………………………… 57

Ⅲ．全国初の政策づくりのヒント・条件
　　1．全国初が生まれる条件・政策の窓モデルから …………………… 58
　　　（1）全国初 …………………………………………………………… 58
　　　（2）増分主義からは新しい政策は生まれてこない ……………… 60
　　　（3）政策の窓モデルから説明すると ……………………………… 61
　　　（4）全国初が生まれる条件・「政策の小さな窓」の開け方 …… 61
　　　★四谷の千枚田（四谷・鳳来北西部地区） …………………… 65
　　2．発想・行動のよりどころとなる一貫した理念を持っている ……… 65
　　　（1）住民自治 ………………………………………………………… 66
　　　（2）協働 ……………………………………………………………… 67
　　　（3）まちづくり ……………………………………………………… 69
　　　★御菓子司・豊寿園（町並・新城地区） ……………………… 70
　　3．理念を明示・記述したモノサシ（自治基本条例）を持ち、
　　　　まじめに使う ……………………………………………………… 71
　　　（1）自治基本条例はなぜモノサシになるのか …………………… 71
　　　（2）モノサシとしての自治基本条例の使い方 …………………… 75
　　　★道の駅「もっくる新城」（八束穂・東郷地区） …………… 76
　　4．決意や志をかたちに表す
　　　　―条例という政策形式とマニフェスト ……………………… 77
　　　（1）政策形式としての条例 ………………………………………… 77
　　　（2）マニフェスト …………………………………………………… 78
　　　★新城ラリー（鬼久保ふれあい広場・作手地区） …………… 81

５．条例に先行する政策事実を大事にする ………………………… 81
　（1）政策事実があること ……………………………………… 81
　（2）若者政策―立ち上がる若者と呼応する行政 …………… 82
　（3）公開政策討論会―ヤジと怒号にならない ……………… 84
　（4）市民任用―公務を担ってきた市民がいる ……………… 86
　（5）市民まちづくり集会―自治基本条例の検討の最初から … 87
　　★仏法僧の鳴く山・鳳来寺山（鳳来寺・鳳来北西部地区）… 88
６．市長がリーダーシップを発揮する ………………………………… 88
　（1）地方自治法の首長 ………………………………………… 88
　（2）分権・協働時代の首長 …………………………………… 89
　（3）穂積亮次市長の場合 ……………………………………… 90
　（4）全国初の政策のリーダーシップ ………………………… 93
　　★長篠城跡（長篠・鳳来中部地区）………………………… 95
７．奮闘する職員を育てる ……………………………………………… 95
　（1）地方公務員法の職員 ……………………………………… 96
　（2）分権協働時代の職員像 …………………………………… 96
　（3）力を蓄えた職員 …………………………………………… 97
　（4）奮闘する職員に聞く・森玄成さん（慈廣寺副住職・元新城市
　　　まちづくり推進課長）……………………………………… 99
　　★鳥原歌舞伎（鳥原・舟着地区）………………………… 102
８．市民の出番をつくり、持てる力を発揮できるようにする …… 103
　（1）市民の役割・出番 ………………………………………… 103
　（2）活躍する市民・支える市民 …………………………… 105
　（3）市民リーダーに聞く・田村太一さん（株式会社田村組代表取締役）
　　　 ……………………………………………………………… 107
　（4）市民リーダーに聞く・前澤このみさん（新城市社会福協議会会長）
　　　 ……………………………………………………………… 110
　　★阿寺の七滝（阿寺・鳳来南部地区）…………………… 115
９．協力する政策起業家と連携する ………………………………… 116
　（1）政策起業家 ……………………………………………… 116
　（2）政策起業家の活動 ……………………………………… 117

　　(3) 政策起業家に聞く・今井邦人さん（住民参加・協働ファシリ
　　　テーター）……………………………………………………… 119
　　★歴史の小径（作手地区）………………………………………… 124

Ⅳ．インタビュー（穂積亮次市長）
全国初の政策づくり―住民自治を切り口に

1．「使える理念」としての住民自治 …………………………………… 125
　　(1) 住民自治の背景 ……………………………………………… 125
　　(2) 住民自治の理論 ……………………………………………… 126
　　(3) 住民自治に基づく政策を始めるにあたって ……………… 128
　　(4) 住民自治のアイデンティティ ……………………………… 130
　　(5) 都市部と中山間地の住民自治 ……………………………… 131
　　(6) 新しい政策の源泉としての住民自治 ……………………… 134

2．ポピュリズムの風潮といなし方 …………………………………… 137
　　(1) ポピュリズムの風潮 ………………………………………… 137
　　(2) 政治行政問題ではなぜ二項対立的に考えるのだろう …… 139
　　(3) 選挙という仕組みとポピュリズム ………………………… 141
　　(4) 多選をめぐって ……………………………………………… 144
　　(5) 統治機構の課題 ……………………………………………… 146
　　(6) ポピュリズムをどのようにいなしていくのか …………… 150

3．第4の改革としての新型コロナ騒動 ……………………………… 151
　　(1) 新型コロナ騒動のなかで …………………………………… 152
　　(2) 新型コロナ騒動が明らかにしたもの ……………………… 154
　　(3) 第4の改革の可能性 ………………………………………… 156

4．2040年に向けて・地方自治の未来 ……………………………… 157

文化を紡ぐ、文化をつなぐ―終わりに ……………………………… 159
■インタビュー・取材協力等をいただいた方（敬称略）…………… 161

はじめに

　自治体関係者が、常に注目している自治体のひとつが愛知県新城市である。全国初や高い評価を受ける政策を次から次に打ち出している。

　直近では、2020年6月に、市長選挙における公開政策討論会条例を制定した。市長立候補予定者が、告示前に、市民の前で政策論争を行う公開政策討論会を公設で行うという条例である。全国に例がない条例である。

　2014年の若者条例、若者議会条例も全国初である。これまで出番がなかった若者に1,000万円の予算提案権を付与する条例である。高校の教科書にも載る政策である。

　市民まちづくり集会は、2012年制定の自治基本条例に規定された集会で、市民、議会、行政が年1回、一堂に会して、まちの課題や未来を考える。条例で毎年の開設が義務付けられているものとしては、新城市が全国初である。

　地域自治区の自治振興事務所長の市民任用（2015年開始）も、全国初だと思われる。公務はだれが担うのかに一石を投じる、射程距離の長い政策提案である。

　このような全国初の政策を新城市は、なぜ、次から次と提案することができるのだろうか。

　全国初の政策のほか、新城市は、全国に誇るべき優れた事業活動も行っている。

　2018年秋のニューキャッスル・アライアンス交流事業が、第13回自治体国際交流表彰で、最高賞の総務大臣賞に輝いた。人口4万7千人の地方都市が、世界を相手に創意と工夫に富んだ交流事業を行ったからである。いうまでもなく、総務大臣賞などは、簡単に取れるものではない。朝日新聞は、次のように報道している（2019年5月13日）。

ニューキャッスル・アライアンス会議2018・新城市役所提供

最高賞の総務大臣賞　新城市のNA交流事業が受賞／
第13回自治体国際交流表彰

　世界の「新城」の名称を持つ各都市が集まり、国や世代を超えて交流、発展を図るニューキャッスル・アライアンス交流事業が９日、総務省と自治体国際化協会が主催する第13回自治体国際交流表彰で、最高位の総務大臣賞を受賞した。

　同市では、1998（平成10）年度から交流事業を始め、２年に１回の持ち回りで加盟都市を会場として会議を開き、さまざまな議題を討論してきた。

　昨年10月に同市で開かれた20年目の節目となる会議では、世界中の国や都市が集まり、文化や観光、教育、ビジネスの各分野で課題と展望を共有し、さまざまな議論を通して交流を深めた。最終日には、次の10年間を見据えた新指針を示す共同声明が発表された。

　表彰式では、交流事業の創意と工夫に富んだ取り組みが認められ、東京都内の総務省を穂積亮次市長らが訪れ、鈴木淳司副大臣から表彰状が手渡された。

どこの自治体も、人口減少など、さまざまな問題を抱えているなか、まちの人たちが、自信を持ち、まちへの愛着、誇り、共感をもって当事者性を高めていくのが、自治経営の基本である。そのなかで、なぜ新城市は、こうしたヒットを飛ばせるのか。多くの自治体関係者も、知りたいところだと思う。

　気がつくと、新城市とは10年以上の長い付き合いになった。たしかに、その取り組みを見ていると、成功体験につながるいくつかのヒントがある。本書では、その要点やノウハウを明らかにしてみた。

　それをヒントに、新城市を乗り越える新たな政策を打ち出す自治体が、日本のあちこちで生まれてくることを期待している。

松下　啓一

I　愛知県新城市

１．新城市はどこにあるのか

・「しんしろ」と読む

　新城市は、愛知県の東部、東三河の中央に位置する自治体である。新城は「しんしろ」と読むが、ときどき「しんじょう」と読む人に出会うこともある。南武線の武蔵新城（むさししんじょう）駅からの連想かもしれない。

　新城市は、豊橋駅から飯田線に乗り換え、40分前後で新城駅に着く。途中、豊川稲荷がある豊川駅を過ぎると単線になり、新城市域に近づくにしたがって人家が減り、車窓に田園風景が広がってくる。ちなみに豊橋駅から新城駅まで12の駅があるが、大半が無人駅で、Suicaが使えるのは豊川駅までである。

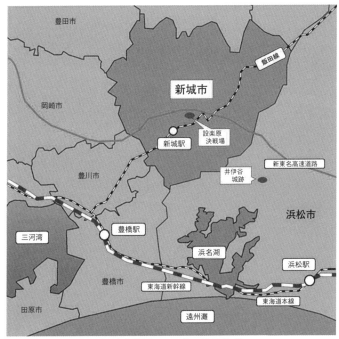

新城市関連マップ・著者作成

飯田線というと、無人駅のさらに上を行く秘境駅で有名で、シーズンになると「急行秘境駅号」も運転されるくらいである。ただ、秘境駅は、さすがに新城市域を越えてからで、その意味では、新城はまだ「愛知県」である。

　通勤・通学客に混じって、鉄道ファンの「てっちゃん」、そして新城市へ勉強に行く研究者・自治体関係者を乗せた２両編成の電車は、それぞれの思いを乗せ、静かに新城駅に到着する。新城駅は、これまでは屋根のない急こう配の跨線橋を渡らないと改札口に行かれなかったが、最近になって、ようやく駅の改修が行われ始めた。2021年度までに、屋根付き跨線橋への架け替えと、バリアフリーに対応するエレベーターの設置が行われるが、市民等の寄附金を募り、バリアフリー化の整備費用に充てることにしている。自分たちの駅を自分たちがつくっていく試みである。

・粘り強さと生真面目さが身上のまち

　新城市は愛知県であるが、三河のまちである。同じ愛知県でも、名古屋市は尾張である。地元の人以外は、尾張と三河の違いは気に留めないが、歴史的には、尾張と三河は別の国として存在していたし、明治の初めには、１年間であるが三河県というのがあった。

　尾張と三河の文化の違いも、よく指摘される。私も、尾張でも長く仕事

新城駅・著者撮影

をしたので、なんとなく、その違いが分かる。たしかに尾張の人は如才がない。他方、三河の人は実直である（もちろん隣接しているので、文化は入り混じる。例えば、尾張の文化である喫茶店の「モーニングサービス」は、新城でも行われている）。

　尾張の代表者といえば、織田信長、豊臣秀吉である。三河は徳川家康である。

　織田信長の織田家は、尾張の領主のように思われているが、もともとは尾張の守護代・織田大和守家（清洲織田氏）を支える三奉行の一家である。守護の斯波家（社長）、その現地代理人である守護代（支社長）がいて、その守護代の奉行（幹部職員）という家柄である。それが、独自の経済力と戦いの才覚でのし上がり、尾張一国を掌握し、そして、全国統一へと邁進していった。それを引き継いだ尾張生まれの豊臣秀吉も、自らの才覚のみで、全国統一を実現した。

　他方、徳川家康は三河の出身である。人質生活からスタートし、耐えて耐えて、粘って粘って、結局、天下を取っている。

・**一緒になって生き抜くことを決めたまち**
　新城市は、旧新城市、鳳来町、作手村の対等合併によって誕生した町である（平成17年10月１日新設合併）。

　日本では、明治、昭和、平成と３度の大合併があった。それによって、1888（明治21）年には７万以上あった市町村が、1718（政令市20、市772、町743、村183）まで減少した（2021（令和３）年８月15日現在）。大合併の背景は、それぞれ異なり、学問的には興味深いが、とりわけ平成の大合併では、社会構造の大きな変化のなかで、昭和の時代につくられたまちの規模では、次の時代を生き抜くことが難しくなったためである。

　合併とは、それまで独立して活動していたまちが、他のまちと一緒になって未来に向かって生きていくということを決めることである。それには大いなる決意、互譲の精神、たゆまぬ努力がなければなしえない。新城市は、それを決めたまちである。

　合併によって、市域は東西約29.5キロメートル、南北約27.3キロメー

トルで、499.23平方キロメートルになった。同じ愛知県の尾張・名古屋市は、面積は、326.50平方キロメートルなので、新城市のほうが1.5倍以上大きいということになる。この市域の84パーセントは山林で、まち全体が豊かな緑に覆われていて、東三河一帯の水源の役割も果たしている。緑の豊かさでは、名古屋市に負けていない。

　他方、人口は4万7,133人（平成27年国勢調査）で、ご多分にもれず、年々、減少傾向にある。名古屋市のほうは、229万5,638人（平成27年国勢調査）もいるので、圧倒的に負けている。

・歴史を変えたまち

　新城市は、歴史好きには、よく知られたまちである。何度か歴史舞台に登場してくるが、そのうちでも最も華やかなのは戦国時代である。

　戦国時代、この地は、東に今川・武田、西に織田・松平などの有力大名に囲まれ、その争いに翻弄され続けた。

　NHKの大河ドラマでも、時々、新城市が登場する。

　2017年放送の「おんな城主直虎」では、さりげなく井伊谷三人衆が登場するが、それぞれ新城市の地に城や支配地があった。井伊家の本拠である井伊谷は、静岡県浜松市の浜名湖の北にあるが、地図で見ると分かるように、新城市は、そのすぐ北隣りである。明治になって、鉄道が開通して、人の流れは鉄道に沿うようになったが、それ以前の徒歩の暮らしでは、今の過疎地が都会に近く、開けたまちだったということが、しばしばある。今でも、新城市でも東部の人たちは、大きな買い物や入院では、愛知県の豊橋市ではなく、静岡県の浜松市に出るという人も多い（駿河、遠江の方言である「だもんで」は新城市でも使われている）。

　新城市における歴史舞台のクライマックスは、武田軍との戦いである。甲州から信濃を制圧した武田軍が、伊那谷沿いに三河に侵略してくるが、これに対する徳川家康や織田信長と衝突するのが、この新城である。

　三方ヶ原の戦いで徳川家康に勝利した武田信玄は、進路を西に変え、徳川方の野田城（新城市豊島、JR野田城駅から徒歩15分）を攻める。武田信玄は、この野田城の戦いに勝利するが、病に倒れ、甲斐に帰る途中、

むなしく死去することになる。

　武田信玄の息子、武田勝頼は、15,000の軍勢を擁し、新城市の長篠・
設楽原の戦いで、織田、徳川38,000の連合軍に戦いを挑む。勢力伸長が
著しい織田家に一矢を報いる起死回生の戦いであったが、結局、大敗し、
数騎の味方に守られて、ようやく甲斐に逃げ帰った。その後、武田氏は、
一気に滅亡することになる。

　長篠・設楽原の戦いは、世上、武田の騎馬軍団と織田鉄砲隊が激突し、
織田信長が考案したとされる鉄砲の三段打ちが有名であるが、事実とは
異なるようだ。映画などでは、この銃撃戦を西部劇のように紹介するが、
たしかに現地に立つと、砂塵を巻き上げて突進する騎馬軍団の出番がな
いことがよく分かる。

　現在、設楽原には、馬防柵が復元されているが、前面は小さな川
で、田圃が広がっている。その向こうはすぐに丘陵である。当時の様子
は、正確には分からないが、サラブレットではない日本の馬が、とても

設楽原決戦場まつり（竹広・東郷地区）

　日本で初めて大量の鉄砲
が戦術的に使われたとされ
るのが、1575（天正3）年
の長篠・設楽原の戦いであ
る。その設楽原古戦場を舞
台に火縄銃の演武など当時
の様子が再現される。例年
7月に開催される。アクセス：JR飯田線「三河東郷」駅下車。徒
歩10分。車は新東名高速道路「新城IC」より約5分。

　　　　　　設楽原決戦場まつり・AICHINOWホームページ

砂埃を巻き上げて突進するのは難しい。

　何度か歴史の転換点に位置した新城市で、自治を切り開く新しい政策が、次々と提案されている。

2．新城市の政策
・消滅可能性都市・財政力が厳しいまちの取り組み
　全国で、優れた政策を提案、実践している自治体もあるが、その多くは、豊かな財政力を背景にしている。

　これに対して、新城市は財政力指数0.58（平成30年度）である。財政力指数とは、地方自治体の財政の豊かさを示す数で、１を超えるほど財源に余裕があるものとされる。新城市の0.58は、家計で例えると、支出は10万円であるが、収入は5.8万円しかない自治体ということになる。赤字なので、当然、国からの仕送りを受ける地方交付税交付団体である。

　新城市は愛知県であるが、市域の半分、合併前の旧鳳来町、旧作手村が、過疎地域に指定されている。人気番組の「ポツンと一軒家」で、「愛知県で発見！」というタイトルで、新城市のポツンと一軒家が紹介されたこともあった。過疎地域とは、過疎地域自立促進特別措置法に規定する「人口の著しい減少に伴って地域社会における活力が低下し、生産機能及び生活環境の整備等が他の地域に比較して低位にある地域」（第１条）のことで、「地域社会の活力が低下」、「生活環境が低位」という烙印がおされた地域である。

　それに輪をかけて、2014年には、新城市は日本創成会議から、消滅可能性都市と名指しされてしまった。いずれ無くなってしまうというお墨付きを受けたことになる。愛知県には38の市があるが、愛知県の市としては、新城市が唯一である。たしかに、国立社会保障・人口問題研究所の人口推計では、2015年の47,133人が、2045年には29,846人まで減少すると予測されている。他方、高齢化の進展は急速で、すでに30％を超えている高齢化率が、2040年には40％を超える見込みである。

　人口減、税収減、社会保障費の増大というトリプルパンチのうえ、国

や専門家から、低位や消滅可能性というダメ出しがされた自治体ということになる。

　このように新城市を取り巻く状況は厳しいが、こうした状況を跳ね返すべく全国初の政策が次々と提案されている。

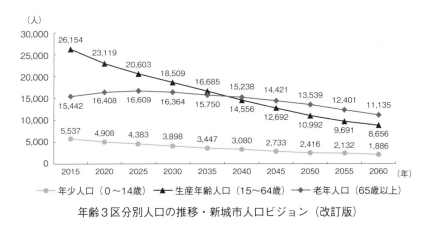

年齢３区分別人口の推移・新城市人口ビジョン（改訂版）

・仕事の大半はルーチン

　全国初を連発する新城市であるが、新城市も基礎自治体なので、仕事の大半は、どこの自治体でも行っているルーチン型の事務事業である。年間、約385億円の予算、約900人の職員の大半は、こうした事業に従事していることを忘れてはならない。

　経常収支比率とは、人件費、扶助費、公債費のように毎年度経常的に支出される経費に、地方税、普通交付税のように毎年度経常的に収入される一般財源が、どの程度使われているかを示すものである。簡単に言えば、自由に使えるお金が、どのくらいあるかを判断する指標であるが、新城市は、経常収支比率91.3％（令和元年度）となっている。収入の９割は使い道が決まってしまっているということで、一般家庭でいえば、毎日の暮らしに追われている自治体ということである。要するに、「金がないので、知恵を出せ」の自治体である。

・新城市発の全国初政策

　そのなかで、新城市は、全国初の政策を連発しているが、本書で取り上げる全国初の政策は、次の4つである。

（1）若者政策・若者議会：若者に1,000万円の予算提案権を付与するなどによって、若者の出番をつくる。

（2）市長選挙立候補予定者公開政策討論会条例：市長選挙の前に、立候補予定者が市民の前で、政策論争を行う政策討論会を公設で行う。これによって市民の知る権利を具体化する。

（3）市民任用制度：地域自治区の自治振興事務所長を市民から選ぶ。

（4）市民まちづくり集会：市民、行政、議会が、一堂に会して、まちの課題を考える。

　これらは、これまでの地方自治では思いつかなかった政策、あるいは思いついたとしても手が出せなかった政策である。それは逆に言えば、次の地方自治の展開につながる政策でもある。ちなみに私は、(1) (2) (4) の政策にアドバイザーとして、その立案・実施に参加・協力している。

Ⅱ 新城市・全国初の政策

1. 若者の居場所と出番をつくる（若者政策）

(1) 若者政策とは

・マニフェスト大賞

　新城市の若者政策・若者議会は、2016年に、第11回マニフェスト大賞「最優秀シチズンシップ推進賞」を授賞した。

　この賞は、マニフェスト大賞実行委員会（共催：早稲田大学マニフェスト研究所、毎日新聞社）によるもので、その内容は、「地方自治体の議会・首長等や地域主権を支える市民等の優れた活動を募集し、表彰するもの」である。その趣旨は、「これにより、地方創生を推進する方々に栄誉を与え、さらなる意欲向上を期するとともに、優れた取り組みが広く知られ互いに競うようにまちづくりを進める「善政競争」の輪を拡げるため」である。

　善政競争とは、やや仰々しいが、善い政策を競い合うという意味で、そのなかで最優秀、つまり最もよい政策と評価されたことになる。

マニフェスト大賞・新城市役所提供

・**全国紙の一面を飾る、教科書にも載る**

　新城市の若者議会は、新聞、雑誌、ラジオ、テレビなどマスコミにも、しばしば取り上げられている。朝日新聞の一面にも大々的に掲載されたこともある（「平成とは　プロローグ１　次代へ、渡し損ねたバトン」2017年8月27日）。

　新城市への行政、議員等による視察も多い。若者議会のメンバーや職員が、外部から頼まれて、若者政策・若者議会のテーマで講演・発表する機会もある。公式なものだけでも、以下の件数がある。

視察や事例発表

	行政視察 受入件数 （件）	事例発表 件数 （件）
平成27年	6	0
28年	24	6
29年	34	5
30年	31	6
令和元年	32	4

　2022年度から実施される高校の新学習指導要領では、主権者教育の充実を図る必修科目「公共」が新設される。新城市の若者議会の取り組みは、令和４年度発行の高等学校公民科教科書（東京書籍株式会社）における「地方自治」を学習する単元に掲載されることになった。条例に基づき若者議会を設置したこと、予算提案権を持ち市立図書館のリノベーションを行ったことなどが紹介される。

・**新城市の若者政策**

　新城市の若者政策は、以下のような重層的な政策体系になっている。

①新城市若者条例

　若者が活躍できるまちを実現するための基本条例である。この条例を根拠として「若者総合政策（方針編・プラン編）」を作成している（2014年12月制定）。

②新城市若者議会条例

　若者参画事業を企画・提案する若者議会の設置を条例で担保している（2014年12月制定）。

③市民自治会議

　自治基本条例の推進組織で、若者議会に対しても助言・チェックを行っている。若者条例、若者議会条例の制定を期に、若者が委員として参加するようになった。

④若者政策係

　専担組織として、若者政策係を設置した（2014年4月）。当初は、係長は兼務で担当者との2名体制からのスタートであったが、2016年度には、担当者が1名増員され、2017年度からは、係長が専属となり、担当者2名とあわせた3名体制となっている。

若者議会募集ポスター・新城市役所提供

⑤メンター制度

　主に若手市職員と若者議会経験者がメンターとなって、若者議会を支援する仕組みである。

(2) なぜ若者政策なのか

・なぜ若者が政策課題なのか

　なぜ、若者を政策課題とするか。それは若者問題が、若者個人や家庭だけの問題にとどまらずに、社会全体の問題になっているからである。

　若者が大人になるまでを移行期というが、かつてはこの移行が、ほぼ単線のワンパターンだった。つまり、子どものうちは地域で活動し、学校では勉強とともに社会で暮らす基礎を学び、卒業して会社に入って、その会社には定年まで勤めるというパターンである。つまり、子どものうちは地域や学校で育てられ、学校を卒業して会社に入れば、会社に守られ、育てられてきた。かつては、これらが若者を大人にする共済装置として機能していた。

　ところが1990年代以降、社会の構造そのものが変化するなかで、このパターンが大きく崩れてくる。価値の多様化もあるが、地域が弱体化し、会社もグローバルな競争のなかで、余力をなくしていくからである。若者を大人にする共済装置の喪失であるが、それに対して、国が出してきたのは、新たな共済装置の構築ではなく、自己責任論である。大人たちは、この共済装置によって育てられてきたにも関わらず、自分のことはすっかり忘れて、自己責任論に同調する。自己責任という言葉が独り歩きをすることで、若者を追い詰めていく。

　つまり、それまで若者問題と言えば困難を抱える若者だけの問題であったが、すべての若者の問題となってくる。若者問題は、社会の構造的なところから生まれてくるので、個人の努力だけでは到底解決できず、社会全体の問題として、社会全体で取り組む必要がでてくる。

・これまで若者は政策の対象外であった

　これまでは若者は政策の対象外であった。これまで自治体が政策対象

としていた若者は、主に子どもで、中学生までである。保護の対象という捉え方で、教育、保健医療、福祉、文化、健全育成など幅広い政策分野に及んでいる。

　困難を抱える若者は、保護の対象になるが、法律は18歳を上限とするものが多い。

若者関連の法律

法律名	呼称等	若者の年齢定義
児童福祉法	児童	18歳未満の者
児童虐待の防止等に関する法律	児童	18歳未満の者
母子及び父子並びに寡婦福祉法	児童	20歳未満
児童手当法	児童	18歳に達する日以後の最初の３月31日までの間にある者
児童買春、児童ポルノに係る行為等の処罰及び児童の保護等に関する法律	児童	18歳未満の者
インターネット異性紹介事業を利用して児童を誘引する行為の規制等に関する法律	児童	18歳未満の者
青少年が安全に安心してインターネットを利用できる環境の整備等に関する法律	青少年	18歳未満の者
子ども・子育て支援法	子ども	18歳に達する日以後の最初の３月31日までの間にある者
子ども・若者育成支援推進法子ども・若者育成支援推進法	子ども・若者	法律上の規定なし

　自治体の場合、中学生までは義務教育ということもあり、比較的手厚い施策がとられているが、高校生以上になると急に減り、さらに大学生以上になると、国の法律の対象外となることもあって、ほとんど施策の対象外となる。あっても、自治体の施策は健全育成や文化、スポーツに限られ、まちづくり参加、社会参加に関する施策はほとんどない。何よりも、つい最近まで、自治体の計画に、若者という言葉すらなかった。

しかし、人口減少、少子超高齢社会にあって、次の時代の担い手である若者の出番がないのは不合理であるし、若者を無視しては、自治やまちが継続しないのは自明である。それまで出番の少なかった若者を公共の担い手としてきちんと位置付け、若者の出番と居場所をつくる政策がなかったことが、不思議である。

　新城市の若者政策は、「これまで存分に力を発揮してこなかったもののひとつが、若者である」という問題意識から、若者の居場所と出番をつくる新たな政策である。

（3）優れているところ
・若者議会は模擬議会ではない

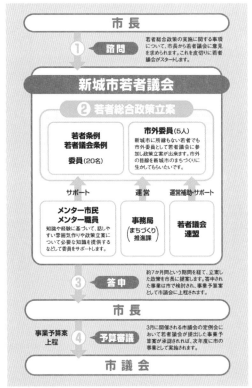

若者議会の政策提案・新城市ホームページ

　「若者議会」というと、議場で議会を模して行う形式的なものと誤解されるが、そうではない。むしろ、「若者会議」をイメージすると理解が早いだろう。

　本来ならば、「会議」という名称がふさわしいかもしれないが、あえて「議会」と付けたのは、積極的意味がある。

　全国に若者会議は随分ある。内容も提言型、イベント型、交流型、語り合い型等さまざまである。また連続型と単発型の区分もできる。

　このうちで最も多いの

が、単発に若者に集まってもらって、意見をもらう形式である（若者の意見聴取）。最近では、連続して集まってもらい、その町への提案をもらう形式も増えてきた（提言書の提出）。その結果、多くの自治体では、話し合うため、集まるための場づくりから、さらにハコモノづくりに政策が進んでいく。ただ、いずれにしても、要求・お任せ型である。

これに対して新城市の方向性は、議論だけにとどまらずに、予算に裏打ちされた政策を自ら考えて提案する組織である。議会のように、政策内容を決定するという意味を込めて「若者議会」としている。つまり、市の政策形成プロセスのひとつという位置づけになる。

・若者議会は条例設置されている

若者政策の中心的な担い手が、若者議会である。若者議会は、条例で設置が担保されている（若者議会条例）。根拠が条例にあるということは、首長の意向や時の政治情勢に左右されないという強い意志の表れでもある。

若者議会の概要は、次のとおりである。若者議会委員は、特別職非常勤職員という位置づけである。

若者議会		
	法的性質	市長の附属機関
	定数	20名
委員		
	年齢要件	おおむね16歳から29歳までかつ市内に在住、在学または在勤する者
	任期	１年（ただし、再任は妨げない）
	報酬	日額 3,000円
	委員の地位	特別職非常勤職員

・予算提案権が付与されている

政策の裏付けとなるのが、予算である。若者議会には、1,000万円の予算提案権が付与されている。注意すべきは、予算の付与ではなく、予算提案権という点である。若者議会は、若者の視点から重要だと考えた政

策を予算とセットで提案できる。

　この点、これまでの若者会議でも、同じように提案ができるのだから、そう大きく違わないのではないかという意見もあるだろう。

　しかし、予算を伴うかどうかは、提案とその後の対応に大きな違いがでる。

　単なる政策提案ならば、「貴重なご意見をありがとうございました」と言って、行政は受け取るだけにとどまってしまう場合が多い。若者からの提案だから、比較的容易に予算がつきやすいかもしれないが、これでは相変わらず、従来の行政要求型の仕組みにとどまってしまう（若者はお客さんにとどまる）。

　新城市の場合は、若者が半年にわたり意見交換し、市の担当課との意見交換を通して、政策を煮詰め、予算を積算していく。この過程で、若者は、税金を使うのだという点から、相応の責任を持って、政策検討に携わるようになる。そうやって検討した政策と予算案を市へ提案する。市は、若者からの提案を重く受け止め、内容を精査し、予算要求していく。要求の過程で、必要性、公益性、公平性、公正性、効率性、市民性、支援性、優先性などの幅広い観点から、行政や議会からのチェックを受けることになる。

　これによって、行政要求型の若者参加から当事者型の若者参加に性質が変わることになる。若者は、税金を使う重みや思いつきを政策としていくことの困難性、政策が決定していく仕組みを体験的に学ぶことになる。またとない主権者教育の場ともなっている。

（4）若者政策の成果

・多岐にわたる成果

　若者政策・若者議会の成果は多岐にわたる。提案事業を通して、新城市のまちづくりに多くの成果を上げているほか、若者自身についても、自らの成長、主権者教育、アクティブラーニングの場になっている。また自治体職員に与える影響も大きい。

若者問題は大人問題でもある。その意味は、男女共同参画をみればすぐ分かる。男女共同参画も、女性の問題と同時に、男性（社会）側の問題でもあるからである。同様に若者問題は、大人社会全体の問題でもある。若者問題の対処には、大人世代の意識を変えるための施策が必要になる。若者政策は総合政策ともいえる。

　若者政策は、単に若者が楽しくやるという話ではなくて、大人や家族、地域、地方自治のあり方や民主主義そのものを射程に入れていることがわかる。

・自己肯定感・自己有用感を獲得する機会

　自己肯定感とは、自分の存在意義や価値を肯定的に認知する感情である。そして、人の役に立っている、人から感謝されているといった感情が、自己有用感である。

　日本の若者は諸外国と比べて、自己を肯定的に捉えている者の割合が低く、自分に誇りを持っている者の割合も低い。

　自分自身に満足している若者の割合は5割弱、自分には長所があると思っている若者の割合は7割弱で、いずれも諸外国と比べて日本が最も低い結果となっている。年齢階級別にみると、特に10代後半から20代前

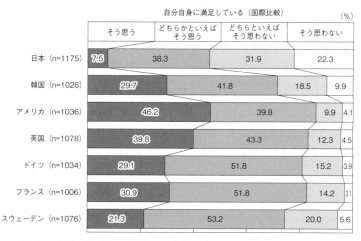

平成25年度 我が国と諸外国の若者の意識に関する調査・内閣府

半にかけての年代が諸外国との差が大きい。

　むろん、日本人の場合は、謙遜や謙虚に表現・回答する国民性もあることから、割り引いて評価すべきであるが、それでも、自分に自信がない、自分を無価値な存在と感じる若者が相当数いるということである。まずは若者が自信を取り戻していくための機会をつくる必要がある。

　若者議会メンバーは、自分たちが考えているよりも、世間の評価が、ずっと高いことに気付くのは、外に出たときである。他の若者会議との交流セミナーを行うと、改めて、自らの発表内容の幅広さと深みを感じることができる。終了後の交流会になると、新城の若者は人気者である。若者同士なので、あっという間に親しくなるが、やはり先輩格の雰囲気となる。

・**若者議会の提案事業**

　第１期から第６期まで、若者議会が提案したのは、累計で36事業になる。経年で行われている事業もあり、類型化すると14分野に分類できる。これを見ると、自分たちの関心からスタートしても、他世代やまち全体を考えた事業提案を行っていることがわかる。

　顕著な政策効果が現れているものもある。全体にハコモノは評価がしやすい。後述するふるさと情報館リノベーション事業では、大幅な利用者増となった。新城まちなみ情報センターでも、利用者層が広がり（学生が増え、小学生の利用も見られるようになった）、利用者も増加している。

若者議会提案事業（分野別）

対象	主な提案事業名	主な成果
新城図書館	ふるさと情報館リノベーション事業、図書館リノベーション事業	２階郷土資料室・多目的スペース利用者数　年間約数十人→4,119人（H28.10 ～ H29.9）
新城まちなみ情報センター	情報共有スペース設立事業、ハッピーコミュニティ応援事業	利用者　H24　7,383人→R1　10,017人
若者議会	若者議会ＰＲ事業	R1　行政視察受入れ32件、事例発表４件
新城市ＰＲ	手渡しは最高のコミュニケーション事業	若者議会委員と市役所とで市外にてＰＲ活動
健康づくり	いきいき健康づくり事業	バブルサッカー健康教室の実施
高齢者福祉	地域でおしゃべり事業	若者参加者延べ16人、高齢者参加144人
防災	地域と関わる若者防災事業	地域や団体から若者防災の会「欅」へのイベント参加依頼などの増加
ふるさと納税	ふるさと納税リニューアル事業	H26　170件　　3,672千円→R1　558件　18,095千円
観光	若者アウトドア観光事業	レンタサイクル利用実績H27　50件→R1　135件
教育	教育ブランディング事業	若者議会自らが中学生に対してまちづくりワークショップを実施
消防団	若者消防団員加入促進事業	消防団に加入していない市内在住の19～29歳へアンケートを実施
文化事業	夢が叶うフェス事業	市民が気軽に趣味や特技を発表できる場
公共交通	NO BUS NO LIFE 事業	路線バスに触れ合うイベント
企業	C&Hマッチング事業	市内の企業情報を高校生に届ける

・**ふるさと納税**

　ふるさと納税そのものは、問題のある制度である。つまり、自分のまちに対しては責任を持たず（納税せず）、税金で返礼品をもらう制度だからである。本来は、ふるさとを応援する制度のはずであるが、結局は、返礼品競争になっている。だからと言って、手をこまねいていると、自

分のまちの税金が流出することが続く。スタンスの取り方の難しい制度である。

　若者議会が、ふるさと納税を取り上げたのは、第2期（平成28年度）と第3期（平成29年度）である。

　第2期の提案は、「新城市若者議会ＰＲ事業」の一環という位置づけで、ふるさと納税を考えたものである。第3期は、その事業化の提案で、ふるさと納税リニューアル事業として位置づけられている。

　予算・決算で見ると、第2期（実施は平成29年度）では、予算は208,000円、決算は1,296円である。予算の内容は、ふるさと納税分は、先進事例調査である。第3期（実施は平成30年度）では、予算は361,000円、決算は309,048円となっている。内容は、お礼の品生産者へのインタビューと記事の作成、新聞広告の掲載である。

　2年合計では、予算は569,000円、決算は310,344円となっている。

　他方、ふるさと納税の実績は、次のとおりである。

	（件）	（千円）
平成26年	170	3,672
27年	203	4,780
28年	210	5,848
29年	227	9,249
30年	435	15,427
令和元年	558	18,095

　若者議会が取り組み始めた平成29年度から、ふるさと納税の実績が急上昇している。若者の取り組みが、市役所や事業者に刺激を与えたものと思われる。

　新城市役所の担当課も、「3期委員を中心にプロジェクトチームを結成し、担当課（企画政策課）とともに活動した。具体的には、体験型の返礼品の提案、ふるさと納税サイトへの生産者インタビューの記事の掲載等を行うことで、納税額アップへ貢献した」と評価している。

・ふるさと情報館リノベーション事業

　若者議会の政策提案のうち、顕著な政策効果があったもののひとつに、「ふるさと情報館リノベーション事業」がある。第1期の若者議会の提案で、実施は翌年度の平成28年度である。予算額は4,169,000円、決算額は4,091,040円である。

　これは図書館を若者の視点でリノベーションする提案で、2階の利用が少ない郷土資料室を多目的スペースに作り変えることで、学生が勉強できる自習室や市民活動できるコミュニティスペースを作ろうという内容である。

　・2階　郷土資料室を多目的スペースへ改修
　・2階　郷土図書館の窓際カウンターを改修
　・2階　飲食ができる休憩コーナー新設

　改修をした2階郷土資料室・多目的スペースは、年間数十人の利用から年間4,000人を超える利用者数となり、主に学生の学習利用環境を整えることができた。

　この検討で注目すべきは、若者と行政職員が、互いに議論するなかで学び、立場を乗り越えながら、同じ目標に向かって、知恵を出し合っていったことである。

　『自治体若者政策・愛知県新城市の挑戦』（松下啓一、穂積亮次編、萌書房、2017年）には、次のように書かれている。

　「当初、若者委員は、若者が集まることだけを目的にしていた。しかし、アンケートやヒアリングなどを行い議論していく中で、さまざまな立場の人が利用していることに気づき、自分たちの目線で、市民の方が使いやすくなるようにすべきという考え方に変わっていった。

　図書館の職員は、若者議会委員との話し合いの中で、『図書館は本を貸したり読んだりするところなので、勉強するなら他の施設で考えたらどうか』という考えであった。しかし、若者自身が、事業に対する思いを誠意を持って粘り強く伝え続け、一緒に考えていくうちに、ともに図書館を良くしようとする立場であることに気づき、『私たち（行政職員）

が探さなければならないことをあなたたちがやってくれている』と思うようになった。また、『こんな図書館が良くなるチャンスは今までなかった』とも語り、若者委員と図書館職員が協力して取り組むことで、図書館のリノベーションが進んでいった」（75－76頁）。

新城図書館２階郷土資料室（旧）・
新城市役所提供

新城図書館２階郷土資料室（新）・
新城市役所提供

・高校生向け企業情報誌Miraie

高校生向け企業情報誌Miraie・新城市役所提供

　これは令和元年度に第５期新城市若者議会から提案された「C and Hマッチング事業」の具体化である。

　若者議会では、市内外の高校生（約1,800名）に就職に関するアンケートを行ったところ、全体の約70％の高校生が「新城の企業について関心がない」という回答だった。

　この情報誌は、市内企業の魅力を伝え、そこで働く先輩社員の声などを掲載することで、就職先としての地元企業を紹介し、１人でも多くの高校生が、

地域を知り、また働く場を発見するなかで、自分の未来を描くきっかけにするものである。

したがって、Miraieに掲載している企業情報も、高校生の関心や聞きたいことを基本に、高校生目線の企業情報誌となっている。

(5) 若者政策が開くもの

・民主社会の再構築

若者政策を打ち出すと、必ずでてくるのは、困っているのはむしろ高齢者だという声である。この声は、選挙によって選ばれる市長にとっては、無視できない大きな意見である。

実際、選挙を見るとわかるが、若者の投票率は高齢者の半分である。さらには投票者の絶対数も若者のほうが少ない。だから、若者向けの政策は分が悪く、高齢者によい顔をしない首長は、選挙で不利になるからである。仮に自治の未来という点から若者政策が大事だと考えても、選挙のリスクを考えると、二の足を踏むということになる。

これは、シルバーデモクラシーの問題であるが、若者政策は、民主社会をつくるための不可欠な政策だと考え、行動に移せるか、首長や自治体の力量が問われてくる。

・大人社会を変える展望

人は、自分の経験や心象風景から、逃れることが難しい。高度経済成長に支えられ、努力すれば報われる時代に育ってきた大人世代は、ついつい自分の体験で若者を語る。貧しかった自分たちに比べ、今の若者は恵まれている、甘えているというのである。

他方、若者からは別の風景が見える。たしかに、ものは豊富かもしれないが希望が持てず不安な時代である。若者らしい一直線さは屈折し、自らはどうにもできないもどかしさで悶々とする。大人たちは、若者は恵まれているというが、本当に自分たちは恵まれているのか。こんな時代をつくったのは、若者を甘えていると諭す大人たちではないか。

若者政策は、ある意味、大人政策でもあるので、最初に取り組むのは、

市民全体で、相互におかれた立場や状況を理解することである。大人たちが、若者たちは自分たちとは違う難しい状況に置かれていることを知るだけでも、大人社会を変える契機となっていく。

有機農業の
「SANAE＆TSUTOMU有機菜EN」（富岡・八名地区）

新城市は、環境都市であり、有機農業も盛んである。「SANAE＆TSUTOMU有機菜EN」は、都会生まれの二人が出会い、新城で始めた菜園である。農薬や化学肥料を一切使わずに安全で健康な野菜を育てている。二人は畑に紅白の幕を貼って、結婚式をあげたそうである。ブログ（http://blog.livedoor.jp/sanae0901/）からは、暮らしを楽しむ様子が伝わってくる。

SANAE＆TSUTOMU有機菜EN・ホームページ

2．こんな選挙をしていたら、だめだ（公開政策討論会条例）
(1) 市長選挙立候補予定者公開政策討論会条例の意義
・「候補者の選挙」から「有権者・市民の選挙」に

　2020年6月、新城市は、公開政策討論会条例を制定した。正式名称は、「新城市市長選挙立候補予定者公開政策討論会条例」である。名称の通り、公開政策討論会の対象は市長選挙で、公の選挙のうち、市長選挙における公開政策討論会を公設で行う制度である。全国初の条例である。

　この条例は、直接には市民の知る権利に応え、市政への参加、そして住民自治の実質化を図るものである。自分たちのまちの課題は何か、そ

れに対して、市長立候補予定者たちは、どのように対応しようとしているのかを知り、自分自身で考える機会をつくる条例である。

　これによって、選挙を「候補者の選挙」から「有権者・市民の選挙」に変える試みでもある。

・自治基本条例に基づく制度

　この条例は、新城市自治基本条例の規定に基づくもので、条文は全13条で構成されている。条例制定にあわせて、自治基本条例の「参加」の規定に、公開政策討論会の規定が追加されている。自治基本条例中、参加を定めた第14条に、新たに第14条の2を加え、「市長は、公の選挙のうち市長の選挙に当たっては、候補者となろうとする者が掲げる市政に関する政策及びこれを実現するための方策を市民が聴く機会として市長選挙立候補予定者公開政策討論会を開催するものとします」との条文を追加している。

・概要

（1）趣旨（第1条）

　市長選挙の候補者になろうとする者が掲げる市政に関する政策及びこれを実現するための方策を市民が聴く機会として、公開政策討論会の開催・実施に必要な事項を定めるものである。選挙運動・政治運動（候補者）の観点ではなく、市民側から、市民の知る権利、市政への参加権を進めるという制度思想である。

（2）公設型の公開政策討論会の開催（第2条、第11条）

　市長は、選挙の告示の日の前日までに公開政策討論会を開催する。主催者は市長、つまり公設型である。任期満了、辞職及び死亡のいずれの場合でも開催する。市民の知る権利、市政参加権に対応した制度なので、立候補予定者が一人の場合でも開催する。

　運営等は、ボランティアで集まる市民（実行委員会等）や委託等によって開催することになるが、公開政策討論会に関するすべての最終責任は、地方自治体である市に帰属する。

　なお、選挙期間中の公開政策討論会は、公職選挙法の縛りがきつく、

本条例の対象外である。ただし、新城市では、2017年の市長選挙では、「候補者同士が自ら主催する合同での個人演説」という位置づけで、事実上の公開政策討論会を行っている。

　(3)　基本原則（第3条）

　①知る権利、市政参加権…市長となる人の公約、政策、人となりを知ることができ、まちづくりに関する政策や実現方策について理解を深めるためのものである。

　②任意性…立候補予定者は、公開政策討論会への参加を強制されるものではない。

　③公平性・公正性…公開政策討論会の開催に必要な手続・議事運営等は、公平かつ公正に行う。

　(4)　公開政策討論の開催手続等（第4条から第7条）

　①市長は、市民自治会議（自治基本条例第24条）の意見を聴いて、公開政策討論会の開催予定日、開催予定場所その他開催に必要な事項を決定、公表する。

　②立候補予定者は、開催日の30日前までに参加の申出を行う。この場合、公開政策討論会の議題を提案できる。30日前までに参加申し出をしない場合でも、公開政策討論会の7日前までに申出書を提出することで参加できる。

　③市長は、立候補予定者の申出があった場合、正式に開催に関することを決定し、公表する。立候補予定者の申出がない場合、公開政策討論会の開催の中止を決定し公表する。

　(5)　市政に関する情報の提供（第8条）

　公開政策討論会に参加する立候補予定者から議題に関連する情報の提供を求められた場合は、市の機関は、これに応じるよう努めるものとする。現職と挑戦者の情報格差を埋める規定である。

　(6)　公開政策討論会の運営（第9条）

　①参加する立候補予定者の承認を得て、市長が指名する者が議事を主宰する。

②立候補予定者及び傍聴者は、主宰者の議事進行上の指示に従わなければならない。

③公開政策討論会の議事は、テレビ放映、インターネットその他の適切な方法により、広報する。

（7）注意規定（第3条、第10条）

①公職選挙法の事前運動の禁止（第129条）に抵触しないように、十分留意しなければならない。

②市長は、公開政策討論会を主催すると同時に、自らが立候補予定者として公開政策討論会の参加者にもなりうることから、公平性・公正性に配慮しなければならない（第10条）。

（8）見直し（第12条）

市長は、必要があるときは、市民自治会議に諮り条例の見直しを行わなければならない。

（2）なぜ公開政策討論会条例なのか

・主権者が主権を行使できる前提条件のひとつ

新城市で、この制度ができたのは、自分たちのまちの未来を決める選挙が、本来のあり方からずれてしまっているという危機意識からである。

短い選挙戦のとき行われるのは、選挙カーによる名前の連呼である。街頭では笑顔と握手である。選挙公報も、いいことばかり書いてある。本当に暮らしやすいまちを実現できるのか、問いただすこともできないうちに、代表者が選ばれてしまう。

実は、かつて公職選挙法には、立会演説会の制度があった。しかし、1983年の公職選挙法の改正で廃止されてしまった。それは、立会演説会では、次のようなことが行われたためである。

①ヤジと怒号。自らの意見と違う候補に、ヤジと怒号を浴びせたのである。

②大挙して出かけ（動員）、自分たちが応援する候補者の演説が終わると、みんなで帰ってしまう。

立会演説会は、本来、選挙の王道であるはずであるが、市民自らの自滅的な行為によって、無くしてしまったのである。

　「自治体の長、その議会の議員及び法律の定めるその他の吏員は、その自治体の住民が、直接これを選挙する」（憲法第93条）。この信託が有効に機能するには、主権者が信託する相手を適正に判断できることが前提になる。公開政策討論会は、住民自らが立候補予定者の政策を聞き、比較して、代表にふさわしい人を選べる機会であり、主権者が主権を行使する前提となる仕組みと言える。

・みんなが大手を振って参加できる

　自治体職員にとっては、市長選挙は、自分たちのトップを決める選挙である。また争点である政策について、市長になる人が、どのように考えているかは、自分の仕事とも直接、関係するから、詳しく知りたいと思うのは当然だろう。

　それを知るには、これまでならば個人演説会等へ出向くほかないが、個人演説会は、ほとんどその候補の支援者の集まりであるから、そこに参加をすれば、色眼鏡で見られ、あらぬ誤解を受けるのではないかと危惧して、参加を躊躇することになる。事情は住民も同じである。お互いの顔が分かる小さな町なら、この面倒くささは、なおさらである。

　しかし、公の仕組みとして、全候補者が一堂に会して、政策論争を戦わせる場があれば、こうした心配はなくなり、だれでも安心して参加できる。警戒すべきもの、近づかないほうが無難であった選挙が、職員や市民にとって、身近なものに変わっていく。

・荒唐無稽な政策が駆逐される

　選挙のたびに公開政策討論会が行われるようになれば、最も効果を発揮するのは、「公約」が論争にさらされるようになることである。

　荒唐無稽な「公約」を出せば、公開政策討論会の場で論争にさらされ、恥ずかしいことになるから、立候補予定者は、おかしな公約を出すのを自制し、説明に耐えられる政策だけを出すように変わっていく。出した政策が、討論会で厳しい批判を受ければ、それに負けまいと、ブラッシュ

アップして、実現可能性のある「公約」に磨かれていくことにもなる。

　無責任な夢のような政策が駆逐され、地に足がついた政策が出されるようになっていく。

・想定外の事態と市長

　市長選びは、お友達を選ぶものではない。お友達ならば、「気が合う」、「やさしい」でいいかもしれないが、市長は、とてもそれだけでは務まらない。会社でいえば社長を決めるもので、とりわけ今は、経営の厳しい会社の社長を選ぶものなので、自治体発展のビジョンを示し、それを着実に実行できる実行力、実行できる裏付けを持った人でなければならない。

　市長の適正はいくつかあるが、政策提案能力とその実現能力は、重要なポイントである。その能力を見極める手段のひとつが、公開政策討論会である。立候補予定者が揃って、自らの政策提案能力と実現能力を示し、それをさまざまな観点、立場、あるいは人から吟味を受けるのが、公開政策討論会である。

(3) 優れているところ

・市民が条例の検討を行った

　新城市では、この公開政策討論会の企画・運営、そして条例づくりも市民が行った。

　まず、2017年の公開政策討論会では、それぞれの立候補予定者から推薦された委員が、公開政策討論会を企画・運営した。年齢や価値観、思想信条も異なる者同士であるが、公開政策討論会は市民のためにあるという共通認識をもって取り組んだ。

　条例づくりも市民が行った。条例づくりは、専門家を集めた委員会を作り、そこから答申が出されるのが普通であるが、市民により構成される新城市公開政策討論会検討作業部会が、企画、運営、仕組み（組織）にわたって、論点の抽出と考え方を整理し、その上で、自治基本条例の推進機関である市民自治会議が、市長からの諮問（2019年6月5日）に

基づいて、検討を行った（2020年2月12日答申）。

・**市民の知る権利から組み立てた**

　選挙は、もともとは公選法の縛りがきつく、それを避けるために、この制度では別目的（市民の知る権利）から組み立てている。徳島市公安条例判決の実質判断論（目的効果論）の応用である。

　公開政策討論会を市民の知る権利から考えてみると、まるで違う景色が見えてくることに気がつく。

①これまでの公開政策討論会は、政治活動の自由から組み立てられてきたが、これは候補者の視点である。しかし、そもそも選挙は、市民のためのものである。市民の知る権利からの発想は、とても素直なことである。

②立候補予定者の政治活動の自由は、それはそれで大事なので、自由にやればよい。ただ、公開政策討論会は、市民の知る権利に応える場である（選択肢の一つ）。それに共感して、参加するかどうかは、候補者の自由である。参加は強制されるものではない（準公人として、応える責務はあると思う）。

③公開政策討論会では、市民の聞きたいこと、知りたいことに候補者が応えることになる。そこで、市民の聞きたいことは何かが問題となる。それを知り、合意する仕組みが必要になるだろう。多くの場合、自治体が抱える問題は、同じなので、共通事項のようなものはあるだろう（例えば、人口問題、働き場所の問題など）。それをいくつかリスト化して、無作為による簡単なアンケートで聞けば、正統性が高まるだろう。市民意識調査のなかに、「まちの課題」のような形で、聞いておけば、わざわざアンケートするまでもないだろう。

④立候補予定者は、市民の知りたいことを中心に論じてもらうことになる。関係ない話を延々と始めたら「注意」である。司会を担当した候補者が、注意を促すことになる。適切な対応ができるかも、立候補予定者の能力を判断する材料のひとつになる。

⑤市民の知る権利に応えるものなので、立候補予定者が一人でもやる。

ここがこれまでの公開政策討論会と大きく違うところである。立候補予定者の主張を聞き、その優劣を判断するのではなく、あくまでも、市民の知る権利に応えるシステムだからである。ただ、候補者が一人の場合、どんなふうに進めるか、知恵の絞りどころだろう。

・**実践的な政策事実がある**

　制度が機能する裏付けを政策事実というが、「公開政策討論会をやってみたら、ヤジと怒号にならないのか」との疑問に対して、「実際にやってみたが、そうはならない」と自信を持って言えるのが、新城市である。

　2003年以降、市長選挙の度に公開討論会をやってきたし、2017年の市長選挙では、告示前に3回、告示後1回、公開政策討論会を粛々とやった（告示後は、公職選挙法で第三者が合同演説会を開催することはできないので、合同「個人」演説会の名称になった）。この新城方式とも言える公開政策討論会が自信となって、今回の条例制定となった。

　具体的には、立候補予定者1名がコーディネーターとなって他の2名の立候補予定者に、争点について質問し、議論を促す。1クール25分、立候補予定者3名で3クールまわすという方法を採用した。その結果、

公開政策討論会の様子・
新城市長選挙2017公開政策討論会実行委員会提供

政策に対する考え方（争点態度）だけでなく、立候補予定者の人となりの浮き出る（候補者イメージ）討論会となった。

(4) 今後の展開可能性

・公共を支える市民への期待

　2017年の公開政策討論会では、立候補予定者同士が合意して、市政や政策に関して、市民が知る機会を提供する。立候補予定者から推薦された者同士が、自陣営のためではなく、市民のための政策討論会を企画する。そして、来場者同士が、自分が応援する立候補予定者だけでなく、これから選挙で戦うことになる相手の話にも、きちんと耳を傾ける。それぞれが、まちのために、自分ができることを粛々とやり遂げた。

　公開政策討論会条例の制定を受けて、次期市長選（2021年10月）から、立候補予定者による公開政策討論会が新城市主催で実施される。

　公開政策討論会の制度は、相互の信頼、協力、連携という協働理念に基づく仕組みで、その分、ガラス細工のような脆さを伴う制度である。制度そのものの運営の難しさは、条例制定後も変わらない。これを担う新城の人たちの引き続いての奮闘が求められる。

・まちづくりで考えると

　考えてみると、選挙はまちづくりの最たるものと言える。公開政策討論会をまちづくりと考えると、多様なものが見えてくる。

　まちづくりなので、みんなも楽しめる。楽しんでもらう工夫も生まれてくる。

　例えば、未来の選挙権者である子どもも公開政策討論会を楽しむために、会場の外には屋台を出したらどうだろう。焼きそば店は、実行委員会の直営店で行こう。地元の団子屋さんなど、こぞって出てほしい。

　まちづくりなのだから、楽しく集まる工夫がもっともっとあるだろう。

・選挙管理委員会の方向性

　公開政策討論会は、選挙管理委員会への問いかけである。選挙というと反射的に思うのは、「違反」である。公職選挙法は、「べからず集」と

いわれ、禁止事項が山ほど書いてある。あいさつ状の禁止という条文もある（第147条の２）。つまり、市長が年賀状を出すと公職選挙法違反になってしまう。社会一般の判断基準が通用しないのが選挙の世界となっている。うかつに近づけば、法律違反になる。ならば近づかないほうが、いいということになる。

　選挙は怖いもの、選挙は管理すべきものと考えていると、ますますジリ貧になる。投票率が５割を切っているなかで、「管理」という守りをやっているだけでよいのか。選挙管理委員会そのものが、変わるきっかけでもある。

　ここは、明るい選挙推進協議会の出番である。明るい選挙推進協会のHPを見ると、①選挙違反のないきれいな選挙が行われること、②有権者がこぞって投票に参加すること、③有権者が普段から政治と選挙に関心を持ち、立候補予定者の人物や政見、政党の政策などを見る目を養うことが役割と書いてある。まさに、公開政策討論会は、③そのものである。

湯谷温泉 （湯谷・鳳来東部地区）

　開湯は奈良時代と伝わる古湯で、その歴史は1300年以上になる。板敷の川（宇連川）を見ながらの露天風呂は最高である。日本百名湯にも選ばれている。わがゼミ生たちにとっては、合宿といえば湯谷温泉である。JR飯田線「湯谷温泉駅」下車すぐ。

湯谷温泉・あいち観光ナビホームページ

3．公務員と市民の相互乗り入れ（自治振興事務所長の市民任用）
(1) 自治振興事務所長（地域自治区）の市民任用
・地域自治区

　地域自治区は、もともと地方自治法上の制度で、「市町村は、市町村長の権限に属する事務を分掌させ、及び地域の住民の意見を反映させつつこれを処理させるため、条例で、その区域を分けて定める区域ごとに地域自治区を設けることができる」（第202条の４）と規定されている。新城市では、市内を10区域に分け、地域自治区を設置している。

　通常、地域自治区は、市町村合併に合わせて、いわば合併の緩衝材として導入される場合が多いが、新城市の場合は、合併から７年経過した後に、地域内分権の仕組みとして導入された。この地域自治区に期待するのは、地域内分権の機能である。

　地域自治区には、地域協議会を置くが、その構成員は、地域自治区の区域内に住所を有する者のうちから、市町村長が選任する（第202条の５）。地域協議会の委員は、区長などの地域の代表者のほか、PTA、老人クラブ、消防団などの地縁組織に限定されない委員構成とするのが趣旨で、これは地域全体で情報共有し、それぞれが力を寄せ合ってまちをつくるのがねらいである。

　地域自治区の地域内分権を担保する制度が、予算と意見表明権である。

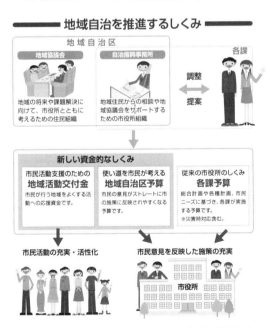

地域自治を推進するしくみ・新城市ホームページ

新城市では、地域自治区制度の導入に伴い、地域のための新しい資金的な仕組みとして、地域自治区予算と地域活動交付金制度を創設した。

　地域自治区予算は、地域の意見が市の施策に反映されやすくなる仕組みで、市役所が実施する次年度予算提案として、地域協議会が事業計画を作成する。地域活動交付金は、市民が行う地域活動への応援資金である。地域自治区ごとに事業を募集し、地域協議会の審査を経て、採択された事業を申請した団体が実施する。

・自治振興事務所の設置と市民任用

　地域自治区制度の導入に伴い、地域自治のための新しい人的な仕組みが、自治振興事務所長の市民任用である。

　自治振興事務所は、

- ・地域の総合相談窓口となって、市役所担当課との調整や課題解決の提案などを行う
- ・地域協議会の事務局としてサポートする

等によって、積極的に地域に関わり、地域をベースとした地域分権を推進するのが役割である。

　この地域自治区の事務所の長は、当該普通地方公共団体の長の補助機関である職員をもって充てるとされている（第202条の4③）が、新城市では、この自治振興事務所長を市民任用している（令和3年4月現在で、任用された市民は5名で、地域自治区を兼務している所長もいる）。その任用形態は、当初は、非常勤特別職職員であったが、地方公務員法の改正により、令和2年4月1日からは会計年度任用職員となった。

---

①新城自治振興事務所長兼千郷自治振興事務所長
②東郷自治振興事務所長兼舟着自治振興事務所長
③八名自治振興事務所長
④鳳来中部自治振興事務所長兼鳳来南部自治振興事務所長兼鳳来東部自治振興事務所長兼鳳来北西部自治振興事務所長
⑤作手自治振興事務所長

この市民任用による事務所長が行う主な職務内容は、次のとおりである。

①市長に対して地域課題の現状報告や地域自治区制度に関する改善提案を行い、市民への制度周知浸透を図る。

②地域協議会との意見交換、協議会運営に関する意見・アドバイスを行う。

③地域自治区予算・地域活動交付金のあり方について提案などを行う。

④地域住民との意見交換や相談などに乗ってもらい、地域が起点となった政策づくりの方向づけを考えていく。

⑤議会の委員会からの求めに応じて対応する。

(2) なぜ市民任用なのか

・地域自治区の目的にふさわしい

　地方自治法の地域自治区制度は、全体的に厳しい評価を受けている。最も根源的な批判は、地域自治区は官製の仕組みで、市民自治、地域自治とは矛盾するというものである。たしかに、地域自治区は行政分権の仕組みであり、市長の代表権と指揮監督権の枠内で制度設計された団体事務に属する制度である。地域協議会は自治体の附属機関で、構成員は市長が選任し、地域自治区の事務所長は、自治体職員を充てることになっている。

　新城市も当初は、自治体職員を充てていたが、地域の実情に合った「住民主役のまちづくり」を推進していくには、自治区運営に市民視点や、市民感覚を採り入れることが肝要と考えた。自治振興事務所長の市民任用は、地域自治区制度を可能な限り住民に直接立脚した自治制度に再構築していこうという試みである。

・職員の変化を期待

　地域自治区制度は、地域自治を進める制度であるが、同時に職員の行動原理を変える役割も期待されている。

　事務所長が役所出身でないという強みを活かして、これまでにない新

たな発想・新しい視点による企画力や実行力を取り入れ、事務所の担当
職員や地域活動支援員に影響を与え、それが、他の全ての職員の行動原
理や思考原理にも伝搬し、影響を与えていくことが期待されている。

　「これは市役所職員の働き方も変えるということも視野に入れて、私
の理解の中では、地方自治体の行政運営のDNAそのものを変えるに等し
い、そういう大きな取り組みであると思っております」（新城市長ブロ
グ「山の舟歌」2015年4月24日「部課長会議での訓示から—地域自治区
の意義」）としている。

(3) 優れているところ
・地域資源の掘り起こし
　一般の住民でも自治振興事務所長に就くことができるとすると、地域
において、さまざまな人生経験、多様な技術・技能、専門知識、人間力
を持つ市民が、その候補者になるということである。これまで、能力が
あっても出番がなかった人たちの出番ができ、地域資源の掘り起こしに
なる。

　これまで地域では、地域課題の解決や親睦に重点が置かれ、地域組織
が運営されてきたが、今後期待されるのは、地域の産業振興や新たな文
化づくりである。市民任用の事務所長には、民間経験を活かし、地域産
品に光を当てた新たな商品開発など、新たな取り組みが期待されいる。

・公と民のそれぞれの強みを寄せ集める仕組み
　官ならば優れ、民ならば劣っている、あるいはその逆に、民ならば優
れ、官ならば劣っているという二項対立的な発想が行われがちであるが、
これは時代遅れの発想である。

　一時、NPM（ニューパブリックマネージメント）が喧伝されたが、多
くは失敗に終わった。実際、民に委ねる仕組みをつくっても、民が自立
的な活動を行う力量や条件が整備されなければ、その力を十分に発揮で
きないのは何度も経験してきたことである。やみくもに住民の自治に委
ねればよいというものではない。

地方自治法の地域自治区の採用と事務所長の市民任用は、地域の実情によっては、行政も一定の責任をもって関与するほうが、現実的・実践的な住民自治になるという判断の結果である。

　協働は、公と民のそれぞれが力を発揮するというパラダイムであるが、新城市の自治振興事務所長の市民任用は、公と民の優れたところを寄せ集める仕組みと言える。

(4) 成果と課題

　自治振興事務所長の市民任用は、行政職員と民間経験のそれぞれの強みを発揮することが狙いであるが、それぞれの強みが発揮されれば成果となり、弱みが出てしまうと課題になってしまう。新城市の地域自治区制度は、平成25年度から制度運用が始まり、事務所長の市民任用も経験を重ねるなかで、一定の成果と課題がみえてきた。

　成果としては、地域自治区制度の地域活動交付金事業や地域自治区予算事業について、市民任用の事務所長が、過去の経験や民間感覚を活かして、地域協議会のサポート、協議会委員へのアドバイス、地域活動交付金団体とのコミュニケーション、新たな取り組みの実施に関わる地元調整などが行われている。市民任用の事務所長がいることで、行政と地域が対立的にならずに、話し合いが進む場合もあるようだ。

　職員から見ると、自治体職員とは違う立場や目線での活動は、職員の行動や思考に大きな刺激となっている。

　他方、事務所長は、一人で地域の相談役、コーディネーター、事務局長など多様な役割が期待されているが、これをこなせるかどうかは属人性の要素も大きい。やる気、能力のある事務所長を選定できるかにかかってくる。その意味で、有為な人を掘り起こすシステムの開発も急務である。

　また、現在は、事務所長のもとに担当職員1名のみという体制であるが、これではできることも限られてくる。適切な組織体制のあり方を考えていく必要があろう。

（5）市民任用が開くもの

・地域住民が公務員になるのは「責務」

　一般に、公務員については、公務就任権＝住民の権利で語られることが多いが、同時に、住民が公務員として活動するのは、責務という側面もある。

　この議論は、すでに選挙権で行われていて、選挙権の性質は、選挙する権利と公務性を併せ持つとする権利・公務二元説が通説である。「選挙権の性質については、いろいろの説があるが、選挙人は、一面において、選挙を通して、国政についての自己の意思を主張する機会を与えられると同時に、他面において、選挙人団という機関を構成して、公務員の選定という公務に参加するものであり、前者の意味では参政の権利をもち、後者の意味では公務執行の義務をもつから、選挙権には、権利と義務との二重の性質があるものと認められる」（清宮四郎（1958）『憲法Ⅰ（法律学全集３）』有斐閣100－101頁）

　同様に、住民の自治体公務員への就任権は、民主制を運用させる協治システムの創造に加わる権利であることは間違いないが、市民一人ひとりの自律性とまちへの貢献性によって、地方自治は維持できると考えると、地域に住む有為の住民は、積極的に公務を担うことによって、協治システムを支える責務があるといえよう。

・行政する市民制度の展望

　実際、今日では、役所業務に携わる非正規職員は、すでに公務員全体の４分の１にもなっている。また、民生委員・児童委員、保護司、消防団員等、市民によるボランティア性を帯びた公役務提供行為は、幅広く行われている。

　もともと、これら組織、職務は、地域の住民を守るためのものであり、そこに住民が主体的に関わることは極めて自然なことである。地域に住む有為の住民が、積極的にその組織の職員になって、住民のための協治システムを支えることは、自然なことであり、これら組織、職務は、その表れである。

今後は、さらに市民任用された任期付き公務員が、地域における公務活動において、大きな役割を果たしていく方向に進んでいくだろう。これが「３年役所システム」で、地域の住民が、３年交代で公務員（非常勤特別職）として勤務するものである。

エコファーマー白井茶園（徳定・千郷地区）

　新城は、お茶の産地で、愛知県一の生産量を誇る。かつては、このお茶を静岡県に送り、静岡茶として販売していたが、産地表示の厳格化から、新城のお茶（しんしろ茶）として売り出すことになった。環境都市の看板をバックに、ブランド化戦略を模索している。白井茶園は、エコファーマーの認定を受けた茶園で、真面目さが伝わるお茶づくりで、いかにも新城らしく、しかもコスパがよい。JR飯田線新城駅から徒歩25分。

白井茶園・フェイスブック

4．みんなで集まる・みんなで話す（市民まちづくり集会）
(1) 市民まちづくり集会
・市民まちづくり集会

　市民まちづくり集会とは、新城市自治基本条例によって設置された制度である。自治基本条例第15条に、「市長又は議会は、まちづくりの担い手である市民、議会及び行政が、ともに力を合わせてよりよい地域を創造していくことを目指して、意見を交換し情報及び意識の共有を図るため、３者が一堂に会する市民まちづくり集会を開催します」と規定され

ている。つまり、市民まちづくり集会は、何かを決める場ではなく、みんなで集まって、情報を共有し、話し合う場である。

　価値が多様化し、問題が複雑化するなかで、行政や議員が、市民のニーズに十分こたえて期待された役割を十分に果たすとともに、市民も自治の当事者として、知恵を出し、行動していくには、行政、議員、市民がまちの課題を共有し、話し合い、情報や知恵を出す場の開発は急務となってきた。

　小さな町でも、知らない人はたくさんいる。まして、知らない者同士で、まちの課題や未来を話す機会はそうはない。民主主義は、まちのことを我がことのように、考え、行動することであるが、その第一歩が、みんなで集まって話す仕組みである。

　なお、同じ趣旨の市民集会が、その後、静岡県焼津市の自治基本条例にも規定され、これも独自の発展を遂げている。

・地方自治法とは矛盾しない

　市民が、市長と議員を選ぶという代表民主制は、市民の暮らし全般を守るには適切な仕組みであるが、それが、市民の行政任せ、議会任せになってしまっている。それに対して、市民を自治の当事者にする仕組みのひとつが、この市民まちづくり集会である。

　地方自治法には、町村に限っては、議会を置かずに町村総会でもよい（第94条）との規定がある。住民も非常に少なく、集まりやすい地理的状況等を満たせば、選挙権を有するものが一堂に会して、会議を開き、団体意思を決定することが可能と言えるからである。この場合の町村総会は、当該町村の議事機関であり、議会に他ならない。

　これに対して、市民まちづくり集会は、市政の課題やまちの未来について、市長、議員、市民が話し合い、情報を出し合い、共通理解をする機会をつくるものであって、議事機関ではない。決定権は、市長や議会にあるので、市民まちづくり集会は、地方自治法には違反しない。

・地方自治法は想定していない

　地方自治法は、みんなで集まって、みんなで話す制度は、想定してい

ない。あるのは、限られた参加制度である。

地方自治法では、選挙（第11条）のほか、法10条2項は、役務の提供
を受ける権利、負担の分任義務を認めている。税金を払い、サービスの
提供を受けるために、正しい情報の提供を受け、参加して意見を言うこ
とができることが必要であるから、住民の参加権は、この規定と表裏を
なすものと言える。

そのほか、日本国籍を有する住民は、条例の制定改廃請求権（第12条
第1項）、事務監査請求権（第12条第2項）、議会の解散請求権（第13条
第1項）、長等の解職請求権（第13条第2項）等の直接請求権を有する。

住民は、住民監査請求権（第242条）及び住民訴訟を提起する権利（第
242条の2）を有するが、これも参加権の一種である。

自治体に対して、請求し、訴えを起こすというのが地方自治法の住民
の参加権であり、参加においては、市民と行政、議会・議員の関係は、
監視あるいは要求の相手方で、対立的な構造になっている。この3者が、
一緒に集まって、情報共有し、知恵を出し合うことは、想定していない。
市民まちづくり集会は、「住民、議会、行政が対等に会して、意見交換す
る空間を用意するもの」である。

(2) なぜ市民まちづくり集会なのか
・いくつかの市民集会との違い

市民集会は、これまでなかったわけではなく、1967（昭和42）年に、
横浜市は1万人市民集会を試みたことがある。ただ、この市民集会は、
役所の決定や方向付けに市民が意見を言うもので、要求型のまちづくり
集会である。実際、すぐに形だけのものとなり、結局、行政に対する壮
大な要求の場になってしまった。

今日では、市民集会も多様化して、いろいろなかたちの集会が行われ
ている。それぞれ意義があるが、新城市の市民まちづくり集会は、①条
例に直接の根拠を持つ、②市長又は議会が開催者である、③参加者は、
市民、議会及び行政、④市政に反映することが目的ではなく、意見交換、

情報及び意識の共有を図るものである。

種類	概要	例
出前トーク	市長や行政職員が市民のところに出かける	旭川市「まちづくり対話集会」川崎市「車座集会」
議会報告会	議員・議会が、市民のところに出かける	議会基本条例に規定
まちづくり円卓会議	地域の市民が自主的に集まり、地域課題を考える	大阪狭山市まちづくり円卓会議条例 沖縄式円卓会議（みらいファンド沖縄主催）

・議員が出てくる意味

　市民まちづくり集会は、行政、市民だけでなく議員も参加する。地方自治法で議員は、条例や予算を決める権限があり、自治体の共同経営者である。しかし、これまで、議員は住民に身近であることに安住して、一般の市民からは、むしろ遠い存在になってしまった。

　今日では、市民の約6割は、議員は何をやっているかわからないと思っている。こうした不信や無理解が進めば、二元代表制は、瓦解してしまう。市民まちづくり集会において、議員が市民と共同で企画し、一堂に

市民まちづくり集会・新城市役所提供

会して議論することを通して、市民が議員の活動を理解し、議員が学び、鍛えられる場となっていく。

(3) 優れているところ

・難しい課題も逃げずに実践する

　2013年の市民まちづくり集会では、新庁舎建設という政治課題を逃げずに取り上げた。この問題は、2013年11月に行われた市長選挙の最大争点となっている。そんな重要な問題をあえて避ければ、地域の重要課題について情報共有するという市民まちづくり集会の存在意義を失うし、他方、取り上げたとしても一方的なＰＲの場とすれば、これまた市民まちづくり集会の意義を減殺する。これまでの経緯をきちんと説明することに重点を置き、あわせて反対の人が意見を発表できる機会も保障して、情報共有を図るという趣旨である。

　市民まちづくり集会実行委員会の人たちは、ずいぶんと心配したのではないかと思うが、やってしまうところがすごい。この点について、穂積市長は、「最初に逃げれば逃げグセがつく。最初に立ち向かえば次からはそれが当たり前になる」（新城市長ブログ「山の舟歌」2013年8月28日「最初に逃げれば」）といっている。その通りだろう。

　こうした市民のアイディアを許容・後押しする行政の姿勢も評価できる。それができたのは、市民と行政とが一緒に自治基本条例をつくってきたという信頼感があったからだろう。担当者の力量もあるが、こうした自治の文化を育んできたということが重要である。

・市民、行政、議会で企画し、市民が運営する

　新城市の市民まちづくり集会は、2021年度で10回になるが、市民、行政、議員の信頼関係と協力関係が溢れた集まりとなっている。

　企画に当たっては、市民、行政、議員が知恵とアイディアを出しあう。当日の司会も運営も市民がやっている。自治基本条例の検討段階から、事実上の市民まちづくり集会を実践してきた人たちの伝統が続いているのだろう。

若者の知恵も生かされている。2013年の第1回市民まちづくり集会では、会場となった新城文化会館は、前に舞台があり、階段状のイス席という、およそ話し合いにはふさわしくない会場であったが、同じ列に座った3人で話し合う機会がつくられた。その意見を聞きながら、LINE（ライン）を使って、それをスクリーンに映すなどという工夫は、若い人ならではのアイディアだろう。

　第8回目では、最後のグループ発表のインタビューを市民がやった。20以上の全グループから、短時間でインタビューする作業は、簡単ではないが、これを実にフレンドリーに、かつ楽しくやった。こうしたことが大舞台でできる市民がいるということであるが、それは、そういう人を発掘し、育ててきたということである。女性議会、地域協議会などの出番などが、こうした市民を発掘し、育てる土壌になっているのだろう。自治の土壌を掘り起こしてきた成果だと言える。

(4) 市民まちづくり集会から生まれたもの

・25歳成人式

　新城市が始め、その後、全国に広がっているのが「25歳の成人式」である。

　25歳成人式とは、20歳の成人式から5年がたち、さまざまな社会の厳しさを経験した25歳の若者が、生まれ育った新城、あるいは愛着のある新城に一堂に会し、年月とともに少しずつ希薄になっていく地元への意識や同世代とのつながりを再構築することを目的とするイベントである。平成27年度から実施している。

　「若者が住みたいまち」をテーマに開催された第2回市民まちづくり集会でグループディスカッションを行った際に、あるグループから、「成人式のような若者が集まれる機会があった方がいいのでは？」と提案があった。これが25歳成人式が生まれたきっかけの1つである。

・他の自治体への波及

　新城市が始めた市民まちづくり集会は、静岡県焼津市、大分県日田市

25歳成人式・新城市役所提供

に波及し、それぞれのまちで、独自の発展を遂げている。

　静岡県焼津市では、毎年1回、市民、議員及び市長等が一堂に会して、社会の課題や焼津市の未来について意見交換し、情報を共有することを目的とする、まちづくり市民集会を開催している（新城市の市民まちづくり集会に続く2例目である）。焼津市のまちづくり市民集会は、自治基本条例第17条に基づくものである。

　令和元年度のまちづくり市民集会では、10代から80代まで171名の市民、議員等が参加した。参加者の世代間や男女比等のバランスがよく、若者も数多く参加する。

　焼津市のまちづくり市民集会は、壁には大漁旗などが飾られ、毎回、漁業の町らしい賑やかな集会となっている。また、ウエルカム精神が溢れた集会というのも特徴で、ウエルカムドリンクは地元企業が協賛し、お菓子や練り製品など、食べ応えがある。集会が始まる前から、お茶を飲みながら、お菓子をつまみながら、高校生とおじちゃん、おばちゃんの会話が始まっている。

焼津市まちづくり市民集会・戸田市提供

(5) 市民まちづくり集会の展望
・情報共有する場でよいのか
　市民まちづくり集会への批判は、話すばかりで、その後の成果が見えないという点である。もともとは、話すことが大事と考えてつくった制度であるが、長くやっていると出てくる批判である。

　この点については、焼津市のまちづくり市民集会では、翌年度か翌々年度に、一部でもよいから、それを事業化する方向にかじを切った。

　それに対して新城市では、市民まちづくり集会をただ話すだけではなく、自分が当事者となって、まちの課題をどう乗り越えていくのか、当事者性を意識する場にしようと模索している。

　これによって、審議会やさまざまな集まりの場を、評論や批判の場でなくて、自分の知識経験を踏まえて、改良、改善を提案する場に変えていく試みといえるだろう。

・Withコロナ時代の市民まちづくり集会
　多くの自治体で、人が集まるまつりは、中止かリモートになっている。仕方がない面もあるが、どんな時代になっても、人が集まり、顔を見ながら、ともに語り、一緒に考え、よりよいものを見つけていくのが原則

である。

　コロナ禍は今後も続いていくだろうが、それゆえに、新しい人の集まり方を模索していかなければならないだろう。逃げてばかりいても、道は開けない。注意深く、気を配りながら、新しい集まり方を模索していく必要がある。

　文化の灯は絶やしてはならないと、よく言うが、市民まちづくり集会のコンセプトは「つなぐ」である。カタチは状況に合わせて変えていかなければならないが、もともとの趣旨や思いを活かす道を探り、知恵を絞ってほしい。

旧大野銀行（大野・鳳来東部地区）

　北部の鳳来地区にある大野は、長野への街道（別所街道）と秋葉山への参拝の道（秋葉街道）の結節点として賑わい、明治以降は、養蚕と林業で栄えた街である。その名残が、旧大野銀行である。登録有形文化財の建物は、今は、洒落た建物と美味しいコーヒーを出す店（大野宿鳳来館）として使われている。JR飯田線「三河大野駅」徒歩5分。

大野宿美術喫茶鳳来館・ホームページ

Ⅲ 全国初の政策づくりのヒント・条件

１．全国初が生まれる条件・政策の窓モデルから

　全国初の政策とは、住民自治を深化させ、自治の未来を切り開くような政策である。なぜ新城市で全国初の政策が生まれるのか。「政策の窓モデル理論」で考えてみよう。

(1) 全国初
・国は常に後追いになる

　国の法制度は、常に後追いになる。なぜならば、国は全国が対象だからである。いわば護送船団方式なので、全体が揃わないと前に進めない。結局、一番遅い船に速度を合わせることになる。国の政治行政では、それがすっかり、身についてしまった。

　そのひどい例が、コロナ対策である。コロナは、さまざまな問題を顕在化した。事前の用意がない状況で、全世界一斉に競争が始まったので、リーダーや政府の力量が、簡単に比較できるようになってしまった。

　わが日本は、すぐれた政府を持っていると思っていたが、いつも、その場限りの後手後手の対応となった。コロナワクチンは、世界に先駆けて開発できる力量があるかと思ったら、世界から一周も二周も遅れている。コロナの予防接種も、変更に次ぐ変更で、先進国でも最下位レベルだった。

　後追いになりがちな国をしり目に、地方から全国初の政策が提案されている。

・全国初の意味

　最初に、全国初の意味を明確にしておこう。

　全国初とは、単に全国で最初に策定したという意味ではない。問われるのは内容で、国や他自治体が切り開けなかった政策課題を乗り越える政策を国や他自治体に先駆けて、全国で最初に策定したという意味で

ある。

　全国初は狙うものではなく、全員が揃うまでとても待ってはいられないと考えた自治体が、切羽詰まって、新しい政策をつくることになる。その新たな政策が、護送船団のスピードアップに寄与し、護送船団方式に変わる新たな方式に切り替えるきっかけとなれば、これが全国初の政策となる。

　最近では、所沢市が2010年に空き家条例（所沢市空き家等の適正管理に関する条例・平成22年7月5日条例第23号）をつくったが、これが全国の流れとなり、それが2014年の空家法（空家等対策の推進に関する特別措置法・平成26年法律第127号）につながっていった。

　渋谷区のパートナーシップ条例（正式名称は、渋谷区男女平等及び多様性を尊重する社会を推進する条例・平成27年3月31日条例第12号）は、婚姻は男女というのが国法ではあるが、この制度には収まりきらない現状を踏まえた仕組みである。実際、同趣旨の政策は、全国の自治体に広がり、早晩、国法にも影響を与えるだろう。

　いずれもやむにやまれず、強い問題意識を持った自治体が先駆けとなっている。繰り返すと、全国初の政策とは、住民自治を深化させ、自治の未来を切り開くような政策であることが求められる。

・「全国初」マスク条例を考える

　2020（令和2）年4月に、大和市は、思いやりマスク着用条例を専決処分でつくった。全国初と喧伝されている。

　マスク条例は全4条の条例で、第1条は目的、第2条は定義で、第3条、第4条が施策である。

　第3条は、市の役割で、「市は、マスクの着用に係る意識の啓発等、この条例の目的を達成するために必要な施策を推進するものとする」という内容である。

　第4条は、市民の役割で、「市民は、この条例の目的を達成するために、マスクの着用を心がけるよう努めるものとする」という内容になっている。

条例も専決処分できるが、よほどの緊急性があるときである。条例制定後の議会で、当然、議員が質問している。

　「おもいやりマスク着用条例は罰則規定もなく、理念条例と位置づけられます。なので、緊急性は薄いと考えられます。マスク着用を啓発するのは通常の施策でもできますし、強調したいならマスク着用宣言でも事足ります。仮に条例にする場合でも、条例を臨時議会に諮るという前提で記者会見を４月中旬に行うこともできたはずです。なので、私は理念条例を専決処分するということが理解できませんし、議会制民主主義を否定するものだと捉えております」（令和２年５月７日・臨時会・小田博士）。

　たしかに、どこも制定していないので、全国初かもしれないが、これは「住民自治を深化させ、自治の未来を切り開く」ものとは言えない。

(2) 増分主義からは新しい政策は生まれてこない

　これまでの自治体の政策理論は、増分主義である。増分主義とは、次の政策を過去の政策の延長線で考えるものである。その意味で、増分主義は分かりやすく、現実性が高いモデルと言える。

　増分主義が採用されるのは、次の理由からである。

・政策決定者は、あらゆる代替案、その便益、費用、課題等をすべて検討するだけの時間・情報・能力を持っているわけではない
・新しい政策は、不確実性やリスクが高い
・増分主義は既得権を尊重し、廃止等の選択を回避できるため政治的にも受入れやすい
・社会的目標や価値について、明確な合意形成は困難である

　戦後の右肩上がりの経済状況を背景に、増分主義の自治体経営が行われたが、1990年代半ば以降、税収増が望めず、他方、社会保障費が急増するなかで、今度は一転、前年度マイナスの減分主義が採用された。

　増分主義（減分主義）では、際限ない増加（減少）を追い求める結果となり、政策の帰着点、飽和点を見出すことができない。なによりも、

増分主義からは、全国初といった新しい政策は生まれてこない。

(3) 政策の窓モデルから説明すると

　政策の窓モデルは、Ｊ・Ｗ・キングダン（Kingdon）によって提示された政策決定論である。

　キングダンは、アジェンダ（政策課題）設定過程を問題、政策、政治という３つの流れで整理している。

　①問題の流れとは、いくつかの政策問題の中から、ある特定の課題が注目され、アジェンダとして関心を集めていく過程である。事件や事故などの注目が集まる出来事、統計資料など社会指標の変化、政策の評価結果などによって、問題として認識される。

　②政策の流れは、いくつかのアイディアの中から特定のアイディアが政策案として提案される過程である。実現可能性を有し、政策コミュニティの理念・価値と合致するアイディア・政策案が残っていく。

　③政治の流れは、さまざまなアクターの影響によって、特定のアイディアが政策として位置づけられる過程である。世論の動向、選挙とその結果、利益団体による圧力、官僚機構や委員会のセクショナリズムなどが影響を与えるとされる。政治や社会を覆うムードや世論も大きな影響力を持っている。

　これら３つの流れが合流するとき、つまり

(1) 政策立案者に取り組むべき政策課題として認識され

(2) 実現可能性や価値観に合致した政策アイディアが練られ、利用可能な状態にあり

(3) 政策変化の契機となるような政治的変化が生まれ、障害となる諸制約が存在しない

という条件を満たすとき、政策の窓が開かれるということになる。

(4) 全国初が生まれる条件・「政策の小さな窓」の開け方

　政策の窓モデルは、政策が決定される条件を示すものであるが、この

政策決定が全国初の場合は、さらに厳しい条件が要求される。「小さな窓の開け方」の問題である。

・**鋭敏な問題発見力**

問題は、制度と現実のギャップのなかから発見されるが、政策の窓モデルでは、その端緒を事件や事故、社会指標の変化、政策の評価結果などに求めている。

ただ、そこで発見される政策が、全国初となるには、たまたま起こった事件・事故のもとに新たな政策課題があると感じ取れる鋭敏な問題発見力が要求される。

事件・事故、市民の苦情にもならないものもある。例えば、若者政策であるが、この政策立案にまつわる事件・事故が起こったわけでもないし、市民からの苦情があったわけでもない。

少子化、超高齢化という社会指標のなかから、若者の当事者性や活躍の必要性を感じ取り、他方、現状は若者の出番を認める制度がほとんどなく、それが若者のやる気を削ぎ、ひいては社会の持続可能性にも大きな影響を与えると考え、そのギャップを埋めるため、若者を真正面からとらえた政策が必要であることに気がつくことが政策化の発端になる。

・**着実な政策展開力**

人口減少、少子超高齢化がリアルさを増すなか、未来を背負う若者が、公共の政策主体とならないのは、不合理である。自治体は、若者問題を正面から見据え、その政策化に取り組むべきである。そこで、私は、さまざまな市長にお会いするたびに、自治体の政策として、若者政策に体系的・制度的に取り組むべきと訴えた。多くの市長が、「そうですね」と、あいまいに答えるなか、唯一、「私もそう思う」と呼応したのは、新城市の穂積市長だけだった。

若者政策の意義や必要性は、誰にも分かる話で、どの市長も、私の話を理解できなかったわけではないだろう。問題は、「そう思う」と思っても、それを政策として落とし込めるだけの人的・組織的な準備、高齢者や議員を含めた関係者の合意可能性が展望できるかどうか、その自信が

なかったためだろう。要するに、政策の流れ、政治の流れをつくる自信が持てなかったのではないか。

しかも、政策の窓モデルによると、政策の窓が開いている時間が短いので、限られた時間のなかで、政策化の可否判断が求められるが、これは、事前に政策アイディアを利用可能な状態で準備しているかどうかで決まってくる。

この準備には、リーダーの問題意識やセンス、新たな政策アイディアを提案する政策起業家との連携、課題をこなせる実践者・実行者（職員・市民）の存在等が決め手となるが、新城市の場合は、これらができていたこと（あるいはできるという自信があったこと）ということなのだろう。

・実践者・実行者と連携する力

市長が、全国初の政策アイディアを構想し、いくら旗を振っても、それを実践する市民や仕事として具体化する職員がいなければ、現実の事業になっていかない。政策の実践者・実行者と連携する力が問われることになる。

多くの自治体で若者政策の必要性は感じているなかで、政策実施に踏み出せないのは、実際にそれに応えてくれる若者がいるのかどうか、職員が、それを事業に落とし込めるかどうかに、自信を持って答えられないからだろう。

新城市の若者政策で言えば、本気で政策づくりや活動に取り組む若者集団が生まれていて、それとの連携ができたこと、市長の意を汲み、若者と伴走しながら施策・事業につなげていく職員集団がいたということである。私の体験でも、対市民に対する政策では、行政職員のやる気度によって、出てくる効果は大きく違ってくる。行政職員が「逃げる」と思えば、市民は本気を出さないからである。

・政治的なタイミングをとらえる力

政策の窓モデルでは、政策提案の契機となるような政治的変化をうまくとらえることが肝要ということになる。政治の流れである。

その際、政策の受益者である市民の社会的な受容性（世論や社会の動向、雰囲気、時代へのマッチ）、首長が置かれている政治状況（議会との関係、選挙事情）がポイントであるとされている。

　若者政策でいえば、新城市で若者参画政策が採用された直接的な契機は、2013年11月の市長選挙において、穂積亮次新城市長の第3期マニフェストで「若者政策」が打ち出されたことに由来する。

　穂積市長は、「若者政策というまだあまり聞きなれない事業を市政推進の柱に加え、予算化・条例化までを可能にしたのは、選挙公約に掲げて信を問うたからこそでした」（松下啓一、穂積亮次編（2017）『自治体若者政策・愛知県新城市の挑戦』萌書房103頁）としている。

・**総合力としての新城市**

　鋭敏な問題発見力、着実な政策展開力、政治的好機を捉えるタイミング判断力、実践者・実務家との連携力が合流したとき、全国初の新しい政策が実現できる。

　自治体の政策づくりでは、首長のリーダーシップが大きな要素であることは間違いないが、全国初の政策は首長だけではできず、それを支え、発展させ、具体化する職員の存在、行政に呼応し、その力を発揮する市民の力が合わさったときに、全国初の新しい政策が生まれ花開く。

　そして、これら力が合流する触媒となるのが、適度な緊張関係である。真っ当な批判者や対立者がいると、政策はバージョンアップする。批判に負けまいと、大いに考え、弱点を補強し、よりよいものにするからである。逆に言えば、それがないと確実に停滞し、時には足をすくわれる。庁舎問題の住民投票、市長リコール運動があった新城市では、この点でも、条件が揃ったのであろう。

・**制度・仕組み論へ**

　全国初の政策は、リーダーの資質論だけにとどめては、これを学び、それぞれの自治体で、応用することはできなくなる。リーダー論のうち、リーダーの要因に注目する特性理論は分かりやすいが、特性があれば、その通りの成果が出るわけではない。

現時点では、リーダーシップ条件適応理論が、もっとも適切である。これはリーダーを取り巻く環境、すなわち組織やメンバー、社会環境などの環境や条件を踏まえて、リーダーが取るべき行動を変えていくべきとする理論である。

　以下では、リーダーや政策関係者が、全国初の政策を発見し、実施するにはどうしたらよいか、その考え方や理念、制度、仕組み・仕掛け等を考えてみたい。

四谷の千枚田（四谷・鳳来北西部地区）

　四谷の千枚田は、新城市の北西部に位置する棚田である。自然石の石垣を積み上げた棚田は、鞍掛山頂に向かって、その標高差は約200メートルにもなり、みごとな日本の原風景を見ることができる。日本の棚田百選にも選定されている。豊鉄バス、本長篠駅発四谷千枚田行き28分（日祝運休）。新東名新城インターから約30分。

四谷千枚田・AICHINOWホームページ

2．発想・行動のよりどころとなる一貫した理念を持っている

　しっかりとした基本理念があれば、途中、ぶれずに政策をつくることができる。迷ったとき、基本理念に戻れば、新たな道が開けてくる。新城市では、その基本理念は、住民自治、協働、まちづくりである。

（1） 住民自治

・２つの意味

　住民自治については、２つの意味がある。

　本来の住民自治は、地域の事柄は、地域の住民が自己の意思・責任に基づいて行うという原則で、古代アテネでは、抽選によって選ばれた市民自らが民会で政策決定を行い、住民の自治にふさわしい直接民主主義が行われていた。住民自治では、自律、責任、信頼、社会性（貢献性）等がキーワードになる。

　しかし、その後、国家機能が拡大するなかで、住民が選出した議会の活動を通じて民意を実現するようになる。ここでの住民自治は、自治体政府の運営を住民自らの責任において行うことで、政府の民主的統制が、住民自治のもう一つの意味となる。

・住民自治の深化・公開政策討論会

　公開政策討論会条例は、市民の知る権利から出発し、住民自治を深化させる政策である。

　憲法第93条は、自治体の長や議員は、住民による直接選挙で選ぶことを定めている。長や議員は、住民の信託をその拠り所にするが、この信託が有効に機能するには、主権者が信託する相手を適正に判断できることが前提になる。ところが、これまでそうした機会が、十分になかったために、候補者は、夢のような「公約」を並べ、有権者は、適切な判断材料がないため、握手したから、頼まれたからといって、投票するようなことが行われた。

　住民は、自信をもって信託したとは言えないから、そのうち、自分一人が、投票に行っても何も変わらないと思うようになり、市政や公共的なことは誰かがやってくれるだろうと他人任せになる。

　公開政策討論会は、住民自らが立候補予定者の政策を聞き、比較して、代表にふさわしい人を選べる機会であり、市民が住民自治を実践する前提となる仕組みと言える。

・住民自治の内実化・実践の試み

　市民まちづくり集会も、住民自治を内実化する仕組みである。希望した市民、抽選で選ばれた住民が、行政、議会と一堂に会して、まちの課題や未来を論じ合う。

　自治振興事務所長の市民任用も、市民も公務員になって、公務の一翼を担っていく政策である。

　若者政策も、これまで出番のなかった若者に、政策提案という公務の一端を担う機会をつくる仕組みである。

　これまで住民自治の重要性は、折にふれ、何度も強調されているが、それを具体化する政策が乏しいため、理念だけ、言葉だけに終わってしまっていた。新城市の新しい政策は、住民自治を内実化・実践する試みと言える。

(2) 協働
・政策パラダイムとしての協働

　新城市における全国初の政策のパラダイムとなっているのが、協働の概念である。

　協働は、しばしば誤解されるが、役所と市民が一緒に活動することではない。たしかに国語としては、それが協働かもしれないが、ここで考えるべきは、政策を実現する用語としての協働である。この意味における協働は、「行政とともに市民（地域コミュニティ、NPO等も含む広い意味）も公共の担い手として、それぞれの得意分野で存分に力を発揮する」（松下啓一（2013）『協働が変える役所の仕事・自治の未来—市民が存分に力を発揮する社会』萌書房）ことである。協働は、21世紀のまちづくり、地方自治を運営するのに相応しいパラダイムと言える。

　市民一人ひとりが幸せに暮らせる社会を実現する方法には、役所と市民が一緒に活動することによる場合と、一緒には活動しない（時と場所を同じくしない）けれども、その力を存分に発揮することによって、実現できる場合がある。つまり協働には、一緒にやる協働と一緒にやらな

い協働がある。

そのためには、市民自身が自立（自律）していることが前提で、同じ公共主体として、相互の信頼関係があることも重要である。

・協働の使い方

したがって、自治体の協働政策は、公共の担い手としての市民の自立（自律）性を高め、それぞれの得意分野で存分に力を発揮できるように後押しすることが内容となる。

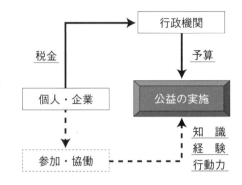

補助、委託、後援等の直接的な支援策のほか、情報、場所、機会の提供などの条件整備、さらには行政の逃げない姿勢、温かいまなざしなどといったソフトで間接的な支援策もその内容である。

若者政策は、少子超高齢時代において、その時代を背負う若者の出番がないのは不自然・非合理であるという問題意識から、若者議会という制度を用意し、予算提案権という機会を付与することで、若者が存分に力を発揮してもらう仕組みである。

公開政策討論会でも、その準備や当日の運営で、それぞれの立候補予定者から推薦された年齢や立場なども異なる市民が、立候補予定者のためではなく、市民のために準備し、実施し、市民がみんなのために力を発揮した。

市民任用も、地域の有為な人が、地域のためにその力を発揮する仕組みである。

市民まちづくり集会では、市民が誰でもまちづくりに参加し、その力を発揮できる機会をつくる仕組みである。

(3) まちづくり

・まちづくりとは

　新城市の全国初の政策は、まちづくりの観点からつくられている。

　最近では、まちと街の違いは、よく知られるようになった。街は、建物や道路、公園などハード面に注目した概念であるのに対して、ひらがなのまちは、住みよさ、住んで幸せという人の暮らしから発想した概念で、ハード面のほか、ソフト面も含む。まちの歴史や文化、人への思いやり、安全・安心、やさしさ、触れ合い、そういったものもまちの要素となってくる。

　まちづくりの代表的な定義は、「地域社会に存在する資源を基礎として、多様な主体が連携・協力して、身近な居住環境を漸進的に改善し、まちの活力と魅力を高め、『生活の質の向上』を実現するための一連の持続的な活動」（佐藤滋（2004）「まちづくりとは何か―その原理と目標」日本建築学会編『まちづくりの方法』丸善、3－4頁）と言えるだろう。

　もう少し簡単に言うと、まちづくりとは、一人ひとりが幸せに暮らせる地域・暮らしやすい社会をつくるため、多様な主体が、持てる資源や地域にある資源を活用しながら、当事者性をもって、相互に交流、連携・協力しながら、地域で行う活動全般を意味する。

・まちづくりから考えると

　まちづくりから考えていくと、これまでの地方自治とは違った地平が見えてくる。

　従来の集権・垂直的な統治理論では、住民を管理の発想で捉えがちになり、それに対して、住民側は行政を監視するという対立構造になっていく。選挙も選挙管理委員会の名称に見るように管理の対象となり、この立場からは、公開政策討論会は、事前運動になるのを懸念して、その制度化には慎重になる。

　他方、まちづくりから考えていくと、選挙は自分たちのまちをつくるための基本的な手段である。まちづくりの主体として、市民が、自分たちの代表者となる市長候補者の政策や人となりを知ることは、当たり前

のことになる。公開政策討論会は、この市民の知る権利を保障するための仕組みということになり、その制度化は自然のことになる。

　実際、2017年に新城市で行われた公開政策討論会は、まちづくりとして行われた。

　立候補予定者同士が合意して、市政や政策に関して、市民に知る機会を提供し、立候補予定者から推薦された者同士が、自陣営のためではなく、市民のための政策討論会を企画する。そして、来場者同士が、自分が応援する立候補予定者だけでなく、これから選挙で戦うことになる相手の話にも、きちんと耳を傾ける。よいまちをつくるために、最もふさわしい代表者を選ぶという行為を粛々とやり遂げている。

御菓子司・豊寿園 （町並・新城地区）

　かつては新城城を中心に発展した新城も、江戸時代以降は天領となるため、城下町特有の和菓子文化はほとんど残っていない。それでも、かつては街中だけでも8軒の和菓子屋があった。旧城下町（本町）にある豊寿園は、茶道の先生方が頼りにするお店で、ここの栗蒸し羊羹が出ると、新城の町に秋が来ると感じる老舗である。JR飯田線「新城駅」徒歩10分。

豊寿園・ホームページ

3．理念を明示・記述したモノサシ（自治基本条例）を持ち、まじめに使う

　国法の不足を補い、自治経営の基盤となるのが自治基本条例であるが、多くの自治体では、せっかくの条例を活かせないでいる。その点、新城市は、自治基本条例を大いに活かし、新たな政策を花開かせてきた。

(1) 自治基本条例はなぜモノサシになるのか

・自治基本条例を基点に考える

　新城市の新しい政策づくりの特徴（秘密）は、自治基本条例を基点に考えることである。

　この点は、後ほど詳しく論じるが、答えを聞いてみるとその理由は簡単である。自治基本条例は、自治のあり方（目標）を示す条例だから、それと現状を見比べると大きなギャップがあり、それをどのように埋めていくかを考える目標になるからである。

　自治基本条例は、300以上の自治体でつくられているが、形骸化しているものも多い。しかし、条例は飾っておくだけでは意味がない。条例はあくまでも道具・手段であり、使ってこそ意味がある。実際、自治基本条例は使える条例である。新城市は、この自治基本条例をうまく使いながら新しい政策を考えている。このコツを体得すると、どの自治体でも、新しい政策、オンリーワンの政策を考えることができる。

・自治基本条例とは何か

　地方自治の基本法である地方自治法は、昭和22（1947）年につくられているが、今日の社会経済状況とはすっかりずれている。例えば、産業構造をみても、当時は農業、水産業など伝統的な自然資源依存型産業が主要な位置を占めていたが、今日では第三次産業が約7割を占めるまでになった。この産業構造の違いは、人の行動や意識を変える。

　今日の事情に対応する法律がない状態を法の欠缺というが、この70年以上も前の社会状況を踏まえてつくられた地方自治法が欠けている部分を補おうという動きが、自治基本条例の制定である。

全国で300以上ある自治基本条例のうち、地方自治法が不足するどの部分を補おうとするのかで、２つに分けることができる。

　最初の自治基本条例といわれるニセコまちづくり基本条例は、民主的統制型の自治基本条例であるのに対して、新城市自治基本条例は、民主的統制＋協働型の自治基本条例である。

　民主的統制型は、役所をチェック、監視すれば、自治は進む（市民はハッピーになる）という発想である。それに対して後者は、民主的統制も必要であるが、市民も存分に力を発揮してこそ、自治は進む（市民はハッピーになる）というものである。私は、長いこと役所にいて、実務をよく知っているから、役所をチェックし監視すれば、市民はハッピーになるわけではないのはよく分かっている。むしろ、過ぎたる監視は、法に決まったことしかしない消極主義を生み、みすみす課題があるのに、現場に出ていかない役所をつくってしまう。

　人口減少、少子超高齢化が急速に進み、まちを維持する税収が大幅に減少していくなかで、政府に対する民主的統制だけで、地方自治は到底、維持できないのは自明である。市民は、民主的統制とともに、自ら公共の主体として、行動していくことが必要である。

・文化をつくる条例・大人をつくる条例

　自治基本条例がめざすのは、新しい自治の文化の創造である。

　権力の専横をチェックするだけでは地域が抱える問題を解決し、市民が幸せに暮らせるようにはならない。そこで、役所をチェックするだけなく、市民も公共の担い手であることをきちんと位置付け、その市民が存分に力を発揮する社会をつくっていこうというのが、自治基本条例である。自治基本条例は新しい文化をつくる条例である。

　また、自治基本条例は大人をつくる条例でもある。自治基本条例は、私たちが忘れかけてしまった私たちの自治力を再度、鍛え、強めるきっかけとなる条例である。この自治力は、自分のことだけでなく、市民一人ひとりが他者を大切にし、自分が暮らすまちを大事にするという、民主主義の基本からやっていかないと、鍛えられ、強いものにはなってい

かない。自治基本条例は、こうした大人をつくる条例でもある。

　どちらも、時間もかかるし、地道な努力も必要となるが、おそらく、これしか私たちのまちが生き残っていく方法はないだろう。

・新城市自治基本条例・まちづくりのルールブック

　新城市の自治基本条例は、このような設計思想に基づき、2012年12月20日に制定され、2013年4月1月から施行されている。

　自治基本条例が、新しい政策づくりのモノサシであり、新城市では、これをモノサシとして使っていこうとする意図のもとにつくられていることは、自治基本条例づくりのスタートに当たって行われた市民シンポジウム（2010年2月13日）では、「まちづくりのルールブックをつくろう！」がタイトルだったことからも分かる。

　その趣旨については、穂積市長が解説している。少し長いが紹介しよう。

　「市の総合計画がまちづくりの『設計書』だとすれば、自治条例はまちづくりの『ルールブック』ではないかと思います。まちづくりのために、みんなが力を合わせるための手引きです。

　このルールブックは、『市民全員がまちづくりの主人公』という前提から出発します。また市民全員が『よりよい新城市を望んでいる』という前提からも出発します。

　（中略）

　自治条例は、まちづくりへの参加を強制するものではありません。そのかわりその必要が出てきたときには、誰もが参加しやすく、また不当な扱いをうけずにすむように、そして何よりもいろいろな立場の人がお互いを尊重しあって『気持ちのよいまちづくり』ができるように、定めるものです。

　市民自治を充実させるには、憲法や地方自治法があれば十分かといえば、そうではないと思います。それぞれの自治体が、自分たちの言葉で、自分たちの知恵を集めて、自分たちの地域にあったルールをつくる、そんな気運が各地で高まっています。

こうした性格上、自治基本条例は制定のためのプロセスがとても大事になってきます。より多くの市民皆さまの参加と共同討議のなかから、新たな自治のルールが練り上げられていけるように努めてまいります」（新城市ホームページ）。

・**モノサシになるようにつくった**

　自治基本条例が、まちづくりにおいて、みんなが力を合わせるための手引きならば、これを役所がつくって市民に示すガバメント型の条例づくりは妥当ではない。市民、議員、行政が、それぞれ自治の当事者となれるようにガバナンス型で条例をつくらなければいけない。条例は最終的には、市長が提案し、議会で議決することになるが、新城市では、その原案づくりを市民会議で行った。

　新城市の自治基本条例づくりは、二段ロケット方式である。2010年度は、新城市自治基本条例を考える市民会議は21名の公募委員で発足し、22回の市民会議と延べ約500人の声を聴き『市民のことばによる新城市自治基本条例（たたき台）』（2011年3月28日）をまとめた。その精神と成果を踏まえ、2011年度は、新たな公募委員が加わり42名で新城市自治基本条例検討会議が発足し、条例案の答申を行っている（2012年8月10日）。

　こうしたまちのルールをつくる際に、もうひとつ、忘れてはいけない大事なことがある。それは、市民会議や検討委員会のメンバーだけでつくってはいけないということである、なぜならば、市民会議や検討委員会のメンバーは、市民の代表ではないからである。

　そこで、プレ市民総会（2回）のほか、若者の声を聞く分科会、お年寄りの声を聞く分科会、高校生生徒会、地域へのお出かけ隊（市内9地区計32回）など、多くの市民の声を聞く機会をつくった。人のつながり、笑顔の輪を広げながら、新城市は、自治基本条例をつくっていった。

(2) モノサシとしての自治基本条例の使い方

・自治基本条例は目標を示す最高規範である

　新城市自治基本条例は全8章25条で構成されている。総則、まちづくりの基本原則、市民や市民活動団体等の権利、役割や責任等、市議会と議員の役割と責務、市長や職員の責務、市民参加の仕組み、市政運営の基本事項、実効性の確保のための仕組み等である。

　自治基本条例は、最高規範といわれるが、これは法的な意味ではなく、機能や役割の面においてである。同じ条例同士なので、自治基本条例とその他の条例を上下関係に位置付けるのは困難である。

　逆に言えば、自治基本条例は、自治体法規のベース（土台）でもあり、今後の自治を進めていくために必要な新たな政策を立ち上げていく（花開かせていく）土台・土壌の役割も持っている。

　自治基本条例は、自治のあるべき姿を示す行動規範なので、そこから逆算して、それを具体化する制度や仕組みを考えていけばよい。新城市では、自治基本条例をベースに、新しい政策を開発し、花咲かせている。

・具体的に見てみよう

　公開政策討論会は、自治基本条例の市民参加（第14条）を具体化するものである。新城市では、モノサシの役割を明確にするために、自治基本条例に新たな条文を追加した（第14条の2）。

（市長選挙立候補予定者公開政策討論会）

第14条の2　市長は、公の選挙のうち市長の選挙に当たっては、候補者となろうとする者が掲げる市政に関する政策及びこれを実現するための方策を市民が聴く機会として市長選挙立候補予定者公開政策討論会を開催するものとします。

2　前項の討論会の実施に必要な事項は、別に定めます。

　市民まちづくり集会は、すでに自治基本条例の規定があるので（第15条）、これをどのように充実したものにするかが、次の行動となる。

　子どもの参加権（第7条）、市民の参加権（第14条）を若者の社会参

加・まちづくり参加に特化し昇華させたのが、若者条例、若者議会条例である。本来なら、この規定も、自治基本条例に追加すべきだったかもしれない。

　自治基本条例に規定のある地域自治区（第17条）の市民化を追求したのが、自治振興事務所長の市民任用である。

　以上のように、どの政策も、自治基本条例に紐付けられている。

　条例は使ってこそ意味があるが、新城市は、自治基本条例を実にうまく使っている。これは逆に言うと、自治基本条例を信じ、それを活かそうという気持ちがなければ、制度や仕組みまでにはつながらないということである。しっかりとしたモノサシをつくり、しっかり使うというのが、新城市の強みの源泉だと思う。

道の駅「もっくる新城」（八束穂・東郷地区）

　道の駅「もっくる新城」の設計コンセプトは、「21世紀の馬防柵」で、地元産材をふんだんに用いた木組みの架構である。名称の「もっくる」は、木材・来るの意味で、ぬくもりと、人々が集まる（来る）活気あふれる道の駅をイメージしている。奥三河観光ハブステーションとなっている。新東名高速道路の新城インターチェンジを出てすぐ。

道の駅「もっくる新城」新城市役所提供

4. 決意や志をかたちに表す—条例という政策形式とマニフェスト

　政策の考え方や進むべき方向をマニフェストで示し、条例という形式で、公定していく。これによって、その決意や志が確固たるものになっていくとともに、政策の着実な実現を図っていくことができる。

(1) 政策形式としての条例
・政策法務の実践

　政策の形式には、条例、規則、要綱等の法規範、予算、計画等があるが、新城市の新しい政策づくりは、条例という形式を積極的に採用している。これは政策法務の実践である。政策法務とは、条例等の法務手段を使って政策課題を解決しようとする考え方で、政策実現手法としての法務の戦略的意義を強調する立場である。

　従来は、自治体は法律を忠実に執行するものであって、法務も中央省庁の通達・行政実例を中心にその解釈論を行うというものであった。自治体において法務部門というと、頑迷で形式的というのが、ほぼ共通のイメージになっていたと思う。

　地方分権改革によって、機関委任事務が廃止されたことで条例の制定範囲が広がり、地域課題を解決する手段として、条例の役割が評価されるようになった。

　政策法務の考え方は、自治体は自ら政策を立案し、執行していくものであるという立場にたって、国の法令についても、地方自治の本旨に基づいた運用や解釈を行い、また政策の実現手段として条例、規則等を積極的に制定していくというものである。

　その裏付けとなるのは、罰則等に代表される法的拘束力という側面よりも、条例は、正当性（納得性）が高いという政治的・社会的な意義にある。具体的には、

　①条例の民主性である。条例は、市民代表である市長が提案し、もう一方の市民代表である議会が制定する。2つの市民代表が、これは必要だと宣言しているわけで、より民主性が高い政策形式である。

②安定性、持続性という点で条例は優れている。例えば、公開政策討論会の開催について、その都度、話し合いで決めようというやり方だと、スタートラインにつくまで、２か月、３か月とかかってしまう。条例があれば、そこからスタートできる。また、市長が変わっても、条例ならば、廃止しない限り、これを守っていくという継続性がある。

③条例だからといっても、必ずしも関係者や市民を拘束することはできないが、条例で決まっていれば、実際には、関係者の行動が誘導される。実効性という点で効果的である。

・**条例の積極的活用**

　若者政策、若者議会では、若者条例、若者議会条例が新たに制定され、これをよりどころに活発な活動が行われている。

　公開政策討論会は、市長選挙立候補予定者公開政策討論会条例が、新規条例として制定された。これに関連して、自治基本条例にも、公開政策討論会の規定が追加された（第14条の２）。

　市民まちづくり集会は、自治基本条例に直接規定されている（第15条）。

　自治振興事務所長の市民任用そのものは、地方自治法の解釈（第202条の４第３項）であるが、自治振興事務所がある地域自治区は、自治基本条例を根拠に、地域自治区条例を制定している。

　これらは、市長や議会構成が変わっても、条例廃止がされないかぎり、その政策は市の意思として続くことになる。安定的で継続的な政策を展開することが可能となる。

(2) マニフェスト

・**マニフェストの意義**

　マニフェストとは、数値目標、期限、財源、工程などで裏付けられた「実現すること」を集めた政策集である。従来の公約は、抽象・網羅的で、住民にとって聞こえのよいもの（ウィッシュ・リスト）が並べられがちであったのに対して、こちらは実現性に重点を置いたものである。

マニフェストは、英国が発祥とされている。日本では2003年に流行語大賞に選ばれ、2003年の公職選挙法の改正で、国政選挙に関して、政策をまとめたマニフェストを配布できることになり、2003年４月統一地方選挙以降、急速に導入されるようになった。

　マニフェストの導入で、政治家は、単なる夢や願望を語るだけでは足りず、実行を伴う具体的政策を示さねばいけなくなった。数値目標や達成期限等が具体的に示されることで、達成・不達成という成果が見えやすく、次回投票の基準になっていく。

・**マニフェストの使い方**

　今回取り上げた４つの政策のうち、若者政策と自治振興事務所長の市民任用は、市長選挙の際に穂積市長のマニフェストに掲げられた。

　第３期のマニフェストでは、

　　１．「若者政策市民会議」（仮称）を創設し、若者が活躍するまちをめ
　　　ざす総合的政策を策定します。

　　２．自治振興事務所長（地域自治区）への市民任用をはかり、住民自
　　　治と協働のまちづくりをさらに徹底させます。

と規定されている。

　市民まちづくり集会は、第１期、第２期のマニフェストに載せられた自治基本条例の検討のなかで制度化されたものである。

　公開政策討論会条例は、マニフェストには掲げられてはいないが、市長選挙の過程で生まれてきた政策で、市長当選後の第一声で、条例化を宣言している。

　いずれも、市長自らの政策活動を縛るかたちで、機能している。

　現職市長のマニフェストについて、穂積市長は、次のように言っている。

　「１期目のマニフェストと現職として臨む２期目以降のマニフェストは、性格が変わってきます。

　新城市の場合は、合併して２年目で第１次総合計画を策定しています。私の政策志向も、また多くの参加市民の英知もつまっています。ですか

らこれ以降は、総合計画の着実な実施が市政運営の根幹に座ることになりますし、マニフェストもその原則から外れることはできません。

　しかしまた、あるいはだからこそと言うべきかもしれませんが、4年に1度の選挙こそは、総合計画には載っていないが、どうしても新たに重要施策としてやるべきと思われることを有権者に問う最大の機会だということになります。

　総合計画の実施を積み上げていく「行政の継続性」と、現実の進行のなかで新たに浮上してくるテーマを合意形成の場に乗せていく「政治の変革力」とを結合するのが、現職者のマニフェスト選挙だと考えています」（松下啓一、穂積亮次編（2017）『自治体若者政策・愛知県新城市の挑戦』萌書房103頁）。

　マニフェストを掲げて当選すれば、それは政策の信任ということになり、政策の正当性を高める根拠となっている。

・**マニフェストを越える動き**

　現場における真摯な議論は、マニフェストを変え、越える場合がある。

　若者政策については、市長マニフェストに示されたのは、「若者政策市民会議（仮称）を創設」であるが、これは、自治基本条例の市民自治会議に、若者枠5名を加えることとなった。自治推進会議は、自治基本条例の運用をチェックし、推進する組織であるが、10代から70代までの世代が揃い、「老若男女みんなが当事者となってまちづくりをすすめる」土台が整ったことになる。

　また、マニフェストには「若者が活躍するまちをめざす総合的政策を策定します」とあるが、若者議会については、ひとことも触れられていない。若者議会の設置は、若者から提案され、市民自治会議で議論されて、市長に答申され、その後、若者議会条例となった。これはマニフェストにはなかった内容である。若者議会の設置に伴って、若者議会に1,000万円の予算提案権を付与する措置が取られ、市長選挙時のマニフェストより進んだものになっていった。

新城ラリー（鬼久保ふれあい広場・作手地区）

　新城ラリーは、全日本ラリー選手権のシリーズ戦のひとつで、一般公道を閉鎖して最短のタイムで競うスペシャルステージ（SS）などが行われる。地域住民の理解、行政・警察等の連携・協力で、最大級の動員規模を誇るまでに成長した。鬼久保ふれあい広場では、猛スピードで疾走する迫力満点のレース風景を満喫できる。新城市Sバス作手線作手高里方面乗車後、「川合」下車、徒歩20分。車では、新東名高速道路新城ICから車で40分。

新城ラリー・新城市役所提供

５．条例に先行する政策事実を大事にする
　制度が機能する裏付けを政策事実という。これがないとどんなに立派な政策も、絵にかいた餅になってしまう。まちのあちこちで生まれてくる政策事実を発見し、連携し、育んでいくことによって、全国初の政策が生まれてくる。

(1) 政策事実があること
・政策事実とは
　政策は、実現されることが前提である。つまり政策によって社会問題が解決され、人が幸せになることが重要である。実際に問題が解決されないような「政策」は、政策とはいえない。これは作文である。したがって、よい政策とは、実現される（そうした裏づけのある）政策である。

つまり、よい政策と言えるには、政策事実がしっかりしていることである。

　　・政策内容が理想的でかつ具体的で実現可能性があるものであること
　　・政策内容の実現が、担い手、手段・手法等で裏打ちされていること
　政策事実は、政策の基礎にあって、その合理性を支える社会的、経済的、文化的な事実をいうが、要するに、政策が動くようにしっかりした裏付けがあれば政策は機能するし、逆に裏付けがなければ単なる作文政策で、社会を変革する力にはならないということである。

・先行の政策事実の重要性

　新規の政策提案にあたっては、先行の政策事実があることが不可欠な要素である。つまり政策の担い手である職員や市民が実際におり、政策内容に関するパイロット的な活動があれば、政策担当者は、自信をもって新規政策を提案できる。

　近年の新規政策は、行政内部や市民の行動を制約する規制型政策は少なく、市民の主体的な活動に期待する誘導支援型政策が多いから、とりわけ担い手である市民が存在し、市民による先行的な活動があることが、政策決定の決め手になる。

　以下、4つの政策について、どのような先行的な政策事実があるか具体的に見てみよう。

(2) 若者政策─立ち上がる若者と呼応する行政

・立ち上がる若者がいた

　新城市における若者政策の発端のひとつが、2012年7月、新城の若者たちが、イギリスのニューカッスル・アポン・タイン市で開催された第8回世界新城アライアンス会議へ参加したことである。

　世界には、新しい城（＝Newcastle）という意味を持つ都市がいくつかあり、その自治体が集まって、世界新城アライアンス会議をつくっている。この会議は、新城市の呼びかけによって始まり、第1回が1998年に新城市で開催された。

2012年からは、この会議の若者の部に、新城市も参加することとなり、この年は、大学生・社会人を含めた若者４人が初めて参加した。

　参加者たちは、簡単な交流会が行われるくらいだろうと気楽に参加したが、実際に参加してみると、同年代の若者たちが、自分のまちについて、熱く語り合う姿に圧倒されてしまった。彼らに比べて、自分たちは、自分の住むまちのことを深く考えたこともなければ、自分のまちを紹介することもままならない……。

　大きな悔しさを胸に新城市に戻ってきた若者たちは、彼の地で何を感じたか、どこが自分たちと彼らとで違ったのか、これからどうしたいかを語り合うなかで、自然に、「新城市にもユースの会を作ろう」ということになった。

　アライアンス会議に参加する多くの国には、若者議会というものがあり、若者たちが集まって、自分たちのまちについて考え、行動に移していくことが日常的に行われている。「自分たちも作ろう」、若者たち４人は、2012年10月に新城ユースの会を設立した。

・**市民まちづくり集会の企画運営**

　ユースの会を立ち上げ、自分たちのまちを知る活動、あるいは知ってもらう活動に挑戦するなかで、第１回市民まちづくり集会実行委員募集の知らせが耳に入ってきた。2013年４月のことである。

　市民まちづくり集会の目的が、「自分のまちについて考えよう、語り合おう」といった新城ユースの会の設立理由とも合致することから、その企画・運営に携わろうと考えた。

　このときの市民まちづくり集会は、二部で構成されていて、ユースの会の若者たちは、第二部「新城の未来を語る」の企画・運営を任せられることになった。若い人が、条例設置に基づく催し物を企画・運営することは、非常に珍しかったことから、市内においてもさまざまな反響があった。

（3）公開政策討論会―ヤジと怒号にならない

・ヤジと怒号にならない

　政策づくりで大事なのは、書いたことがきちんと実行され、機能しているかどうかである。公開政策討論会条例で理想を示して、こうあるべきだと書くのは簡単であるが、やってみたら、ヤジと怒号の嵐で、討論会にはならなかったというのでは、政策をつくったことにならない。

　新城市の場合は、「ヤジと怒号にならないのか」といわれて、「そうならない」と自信を持って言うことができる。2017年の市長選挙では、告示前に3回、告示後1回の政策討論会を粛々とやった。

　実は、新城市では、それ以前にも、市長選挙において4回、公開討論会を開催しており、毎回、新しい方式を取り入れてきた。

これまでの新城市長選挙公開討論会

開催年度	立候補予定者	公開討論会出演者	来場者	主催者（中心となる者）
2003年	2名	2名（玉井良治・山本芳央）	400名	新城青年会議所
2005年	3名	3名（小林常男・関口卓史・穂積亮次）	700名	公開討論会を実現する会（新城青年会議所）
2009年	3名	3名（白井倫啓・穂積亮次・山本拓哉）	700名	公開討論会を実現する会（新城青年会議所）
2013年	2名	2名（穂積亮次・山本拓哉）	750名	公開討論会を実現する会（新城青年会議所）
2017年	3名	3名（白井倫啓・穂積亮次・山本拓哉）	677名	立候補予定者（立候補予定者から推薦された者）

※来場者数は主催者からの報告。2017年の来場者数は計3回の公開政策討論会の合計。
※公開討論会を実現する会とは、新城青年会議所が中心となり新城市商工会青年部等と構成する実行委員会。

（出所）『選挙はまちづくり』（イマジン出版社）

・立候補予定者から推薦された者が準備・実行委員に

　新城市でも、それまでの公開討論会は、他の自治体と同じく、新城青年会議所（JC）が担ってきた。

　それに対して、2017年の市長選挙では、公開政策討論会が立候補予定者同士の提案で始まったという経緯もあり、3人の立候補予定者がそれぞれ3名の委員を推薦し、計9名の委員で、公開政策討論会の内容を決定する方式で行った。

　記録によると、このための準備会の会議開催数は、約1か月の間で計6回、協議時間は、延べにすると19時間50分に及んでいる。

　当初は、立候補予定者から推薦されたメンバーのため、自分が支持する立候補予定者に少しでも有利な条件を引き出そうとする駆け引きのようなことが起こるのではないかと心配したが、実際にはそうならず、前向きで建設的な議論が交わされることとなった。

　その理由はいくつかあるが、参加メンバー間で、公開政策討論会を単なる選挙のための手段としてではなく、まちづくりのよりよい仕組みにしようという共通認識ができたためである。

・候補者が交代でコーディネーター役になる

　一般的な公開政策討論会の運営は、一般社団法人公開討論会支援リンカーン・フォーラムのマニュアルに準拠して行われる。

　この方式では、進行は中立的な第三者が行うので、どうしても公平性・中立的に配慮した進行になり、通り一遍の議論に終わってしまうことになる。その結果、多くの人にとって物足りなさ感が残る公開政策討論会となる場合が多い。

　しかし、新城市では、候補者1名がコーディネーターとなって他の2名の候補者に、争点について質問し、議論を促すやり方を採用した。1クール25分で立候補者3名で3クールまわすという方法なので、その結果、政策に対する考え方（争点態度）だけでなく、候補者の人となり（候補者イメージ）の浮き出る討論会となった。実際、私も参加したが、聞いていておもしろい公開政策討論会となった。

こうした新城市における成功体験をベースに、理念、仕組みを記述したのが、公開政策討論会条例である。

（4）市民任用─公務を担ってきた市民がいる

・行政区における実践

新城市では、旧村（行政村）をベースとする行政区の役割は大きいものがある。

行政村は、1888年（明治21年）の市町村制を採用にあたって、それまで生活の場である村（自然村）を行政による管理の都合によって合併させたものとされるが、小学校区を設置するのに適切な基準という考え方からつくられたため、実際の結びつきは強くなり、自治の単位として長く機能してきた。今日では、従来ほどの住民同士の強いつながりはなくなったが、それでも住民自治の基本単位として機能している。

こうした背景から、新城市は、自治基本条例で行政区について規定し、「行政区等の活動は地域を住みやすいものにするために欠かせないものであり、住民一人ひとりがその意義をよく理解し、積極的に行政区等の活動に参加していくことが求められています」（新城市自治基本条例解説第18条）としている。

・区長の位置づけ

行政区の代表である区長は、地域の課題や要望について、これまでも役所の各部・各課を回って、交渉や調整を行ってきた。

新城市の区長等の設置に関する条例第3条では、区長の職務として、

（1）市が行う事務又は事業であって、当該行政区に関するものについて助言し、及び調査すること

（2）市が行う事務又は事業であって、全部又は一部の行政区に関するものについて、その知識経験に基づいて意見を述べること

（3）その他市長が必要と認めること

とし、新城市では、区長は、単に「市からの配布物の配布・アンケートの回収」や「住民からの要望の対応」を扱う存在ではなく、市に対する

助言・調査や知識経験に基づいて意見を述べる存在としている。

　こうした地域自治の担い手である市民が数多く存在しているという事実が、自治振興事務所長の市民任用の政策事実になっている。

(5) 市民まちづくり集会―自治基本条例の検討の最初から

　市民まちづくり集会は、自治基本条例に規定されているが、突然、思いつきのように条例に記載されたものではない。

　新城市の自治基本条例は、2012年12月20日に制定されたが、その制定過程でも、事実上の市民まちづくり集会が行われ、市民の意見を聞く機会がつくられてきた。2010年6月12日に行われた「まちづくり大茶話会（カフェ）・しんしろ」は、呼びかけ人となった市民委員のほか、子ども連れのお母さん、議員、行政職員、そしてさまざま地域活動を行っている市民など、総勢約100人が参加した。

　自治基本条例に関する市民からの提言「市民のことばによる新城市自治基本条例（たたき台）」が出され、そのなかの「市民総会」の規定が制度化に耐えうるか、市民、行政、議員が参加しながら、検証を行ってきた。

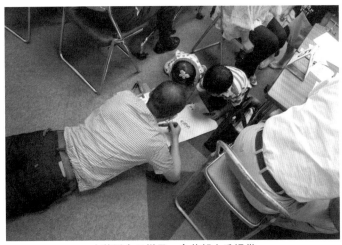

大茶話会の様子・今井邦人氏提供

2011年10月30日には第１回プレ市民総会を行い、2012年７月１日の第２回プレ市民総会では、市民約300人が参加し、展示発表を行った関連団体は28団体にも及んでいる。市民まちづくり集会は、こうした政策事実を踏まえて制定されている。

仏法僧の鳴く山・鳳来寺山 （鳳来寺・鳳来北西部地区）

　ブッポウソウは、「仏法僧」とは鳴かず、それはコノハズクだったという発見秘話を小学校の教科書で読んだことがある。鳳来寺山は、「仏法僧」（＝コノハズク）で有名で、行く度に、耳を澄ましながら歩く山である。JR飯田線「本長篠」駅下車。豊鉄バスの「田口」行きに乗車、「鳳来寺山」で下車。

鳳来寺山・AICHINOWホームページ

６．市長がリーダーシップを発揮する

　先行調査では、政策決定に最も大きな影響力を持っているのは、首長（市長）である。地方自治法等における権限の大きさもあるが、選挙によって選ばれるという出自が、新しい政策提案の原動力にもなっている。

（1）地方自治法の首長
・地方自治法の首長
　地方自治法では、「普通地方公共団体の長は、当該普通地方公共団体を統轄し、これを代表する」（第147条）と規定されている。統轄とは、自

治体の事務全般に対して、長が総合的統一を確保する権限を有すること、代表とは、外部に対して行った行為が、その自治体の行為になることのほか、自治体の立場を表すという意味も持っている。

また、「普通地方公共団体の長は、当該普通地方公共団体の事務を管理し及びこれを執行する」(第148条)。長は、その団体の事務を管理・執行するが、法に定めるものは、議案提出、予算の調整・執行、地方税賦課徴収、過料、決算提出、会計事務の監督、財産の総括的な管理、公の施設の管理、証書・公文書の保管などであるが、これは例示で、長は包括的な執行権を持っている。そして、補助機関の職員を指揮監督する権限を通して、これらを実施する。

このように地方自治体の首長（市長）は、大きな権限と執行力を持っている。

・行動原理―任期制・人気性

首長が政策提案に大きな影響力を持つ背景には、人事権、組織形成権、財政決定権などの強い権限もあるが、任期制・人気性という出自も大きな要因である。

つまり、首長（市長）は、住民から直接選挙によって選出され、そして、4年の任期が終わると、再度、選挙によって選ばれなければいけない（任期制）。再選されるためには、市民全体から注目され、一定の評価を受けなければならず、それゆえ、市民の関心はどこにあるのかを常に考え、市民の期待に応じて行動することになる（人気性）。「全国初」という評価は、任期制・人気性に有利に働くからである。

(2) 分権・協働時代の首長

・分権・協働時代の首長

分権・協働の時代においては、事務を管理するだけの市長では十分でない。自治の経営者としてのリーダーシップが期待される。

①協働のマネジメント…行政や市民が、まちのためにパワーを出せるように制度や仕組みをつくるとともに、こうしたパワーを束ねて、

大きなエネルギーとなるようにマネジメントする。

②市民の自治力を育てる…市民が、共同体の課題に対し、自律的に関
　与し、公共的な態度で臨むことができるように、争点を提起し、判
　断の素材を提示することで、市民自らが考え、決定ができるように
　する。

③職員力を引き出す…職員の思いに火をつけ、その潜在力を引き出し
　て、目標に向かって、その力を存分に発揮する組織と職員をつくる。

　政治学では、首長は再選されるため（上を狙うため）に活動すると説
明されるが、それではあまりに寂しい。分権・協働時代をリードする骨
太の首長が期待される。

・**地方自治のリーダーシップ**

　地方自治は、人それぞれの暮らしに密着しているから、その人なりの
正義がある。あるべき論だけでは合意できないし、理想通りには進まな
い。それぞれの正義の一部を取り入れ、一部は我慢してもらわないとい
けないが、そこには、説得力、妥協力、推進力を要素とする高い合意形
成力が要求される。地方自治における首長には、合意形成力を背景とし
たリーダーシップが求められる。

(3) 穂積亮次市長の場合

・**リーダーシップ論から**

　一般にリーダーシップがあるとは、指示型（独断専行型）であると思
われている。たしかに強いメッセージは新鮮で明確であるが、一方的で
実務がついていけず、打ち上げ花火で終わってしまうケースも多い。

　リーダーシップ条件適応理論では、リーダーは、フォロワーの状況や
環境状況に応じて、行動を指示型、支援型、参加型、達成志向型などに
使い分けていくことになる。

　新城市の穂積市長は、優れた発想やアイディアで、明確な指示を発信
する一方で、地方自治の漸進性もよく理解している点が強みである。つ
まり、フォロワーの状況等を踏まえ、適切なタイミングで指示するリー

ダーシップが、全国初の政策が生まれる理由のひとつとなっている。

・一度逃げたら逃げグセがつく

　穂積市長の住民自治へのこだわりを実感したのは、３選目の市長選挙のときである。このときは、約900票差の大接戦となった。これは新庁舎問題が争点になったからである。

　政策的な争いがあまりない地方選挙の場合、新庁舎問題は、対立軸をつくるのに、ちょうどよいテーマである。事情のよく分からない市民にとっては、「豪華庁舎」という言葉は、耳目に入りやすいし、何十億円の建設経費は、「無駄」であるとの結論に繋がりやすい。後世代が均等に負担する地方債も「借金」と考えられ、その積極的意味は、なかなか理解されない。

　そこで、多くの場合、選挙のときは、新庁舎建設問題は、おくびに出さず、当選後におずおずと出してくるということが行われる。

　しかし、穂積市長は、このとき新庁舎問題を争点に掲げて、選挙に臨んだ。もし適当に曖昧にして選挙に臨めば、こんな接戦にはならなかったのだろう。

　その理由として、市長は、「最初に逃げれば逃げグセがつく。最初に立ち向かえば次からはそれが当たり前になる」と言っているが、日ごろの信条を実践したことになる。

・課題の本質を見る目

　新型コロナは、全世界で同時に問題となったことから、同じような条件での「対応力競争」となり、リーダーの能力の差が一目瞭然となった。自治体の首長でも、問題の本質を見る目の深さの違いが顕著に現れた。

　コロナ禍で市民が不安に思っているとき、専決処分で、「マスクをつけよう条例」をつくった市がある。「全国初の条例」を誇るが、日本のように同調圧力が強い国で、条例でマスクをつけようと言ったら、すぐに排除や差別に直結することは自明である。

　これに対して、穂積市長は、新城市で陽性患者第一号が発生した４月上旬、「感染を罪とみなすような風潮、あるいは感染された方やご家族を

いたずらに詮索するような風潮を許さず、市民皆が互いに支え合い、守りあっていくことが何よりの助けとなります」と行政無線で全市民に向けて放送をしている。これを感染者が出る度に繰り返している。

　次のようにも言っている。「人類社会の大きな危機に直面して、われわれは正気と英知をもって立ち向かうべきです。長く苦しい道のりを誤りなく進むために、私は新城市が次の規範に則って運営されるよう務めを果たしたいと思います。

　・新城市民は感染者を孤立させず、互いに支えあいます
　・新城市民は医療従事者をはじめ最前線で奮闘する人々を守り、その負担を減らすために力を合わせます
　・新城市民は感染拡大をくい止めるためのあらゆる社会行動と連帯します
　・新城市民はこの事態のなかで生活や経営の困難に直面する人々を支援し、経済対策のさらなる充実をはかれるよう、国、県、近隣市町村との連携を強めます」

・成し遂げる力

　政策のアイディアを実践に移す作業は、ある種の力作業である。推進力がないと竜頭蛇尾に終わってしまう。

　公開政策討論会、若者政策、自治振興事務所長の市民任用、市民まちづくり集会のいずれも、アイディアを仕組みに落とし込むところが難しい政策である。

　例えば、2017年の市長選挙の公開政策討論会では、立候補予定者３名が足並みをそろえる作業が難しかったが、そのなかで、穂積市長は、一貫して、全員がそろってから実施すべきという姿勢を崩さず、３名が揃うまで粘り強く説得や調整を行った（こうしたことができるかも評価のひとつとなった）。

　政治というのは、ＡかＢかではなく、Ａ、Ｂのそれぞれに一理があり、そのよいところを取り入れていくことであるが（つまり簡単に切り捨てないということであるが）、この実践を現場でも行ったということである。

これら力の源泉のすべてを知る術はないが、穂積市長自身が、波乱万丈の人生を送るなかで、政治学で説明される「上を目指す」志向がなく、新城市を自らの働き場と位置づけている結果と推察されるが、それが覚悟となって、かたちに表れているのだと思われる。

(4) 全国初の政策のリーダーシップ

・若者政策・若者議会

　すでに述べたように、若者政策・若者議会のスタートは、穂積市長のリーダーシップによるところが大きかった。

　その後、若者政策・若者議会は、着実な成果や経験者の蓄積に応じて、次のような充実・強化が図られてきた。この点でも、市長の後押しが、ポイントになっている。

①　若者議会市外委員制度の導入。新城市に所縁のない若者でも、若者議会に参加し、若者議会委員と協働し、政策立案等を行う。

②　メンター制度の拡充。メンター職員に加えて、若者議会委員と協働しながら、政策立案のサポートを行うメンター市民を若者議会委員経験者（市外委員経験者含む）のうちから市長が委嘱する。

③　事務局の充実。当初は、係長は兼務で担当者との２名体制からスタートしたが、2017年度からは、係長が専属となり、担当者２名とあわせた３名体制となっている。

④　若者議会連盟の組織化。若者議会のメンター職員やメンター市民のOB・OGにより構成されている。つながりを維持し、若者議会の取り組みを全国へ広げるために発足した。行政視察対応や現在の若者議会運営のサポートなどを行っている。

・公開政策討論会

　2017年の市長選挙で行われた新城市型の公開政策討論会は、穂積市長の提案による。それは、穂積市長の「私はこの地で自身の選挙を４回経験し、国政・地方多種多数の選挙にも何らかのかかわりを持ってきたが、自戒をこめて『こんな選挙をやっていてはダメだな』とつくづく思って

いる」（新城市長ブログ「山の舟歌」2012年12月27日「熟議の民主主義」）
という問題意識による。

　2017年の市長選挙では、立候補者予定者が３名となったが、政治的な
思惑が渦巻くなか、公開政策討論会の実施は困難を極めた。このときは、
当初、立候補者予定者３名のうちの１名は、公開政策討論会への不参加
を表明していた。これを穂積市長の粘り強い対応と交渉で、合意を取り
付けて、３者がそろって公開政策討論会の実施までつなげている。

・**市民任用**

　自治基本条例では、地域自治区の制度を採用しているが、当初は、住
民が身近な課題を自ら解決する近隣政府的な住民自治制度を目指してい
た。結果的に地域自治区制度が採用されたが、この制度は、基礎自治体
内部における地域内分権の制度であり、したがって、自治振興事務所長
も市長の補助職員となる。相当の工夫がこらされないかぎり、地域自治
区は支所、出張所、特別区等々の行政区以上の位置づけにはなっていか
ない。

　そこで、この限界を乗り越えるために、自治振興事務所長を補助職員
ポストから住民委任ポストに切り替える試みが、市民任用である。これ
によって、地域自治区を官製組織から近隣政府的な役割に質的転換を図
ろうというものである。

　「自治振興事務所の市民任用は、このような意味で、地域内分権と住
民自治、近隣政府機能を後押しするための政治任用（ポリティカルアポ
イントメント）と、行政官ではない市民が行政機関を指揮する素人任用
（レイマンコントロール）の二つの効果をめざしたもの」（穂積市長談）
としている。

・**市民まちづくり集会**

　新城市では、自治基本条例の制定段階から、市民まちづくり集会的な
集まりがあり、市民、行政、議会の３者が参加していた（プレまちづく
り集会）。一般に、市民集会に対しては、議員側が拒否反応を示すケース
が多い。それは議会の権限が侵害されたように感じ、また集会が議員へ

の不満をぶつける場になることを恐れるからである。

　それゆえ、これを制度にし、さらには条文にするのには、ある種の政治的推進力が必要になる。それをやろうとする強い意志と議員の心配が杞憂であることを粘り強く説得できる自信がないとできない。新城市では、穂積市長が、「地域自治区の規定と同時に、市民まちづくり集会の規定を自治基本条例に入れたい」と強い意志を持っていたことが、条例化の推進力となった。

長篠城跡 （長篠・鳳来中部地区）

天正3年（1575）5月、武田勝頼は長篠城を15,000の兵で包囲した。守るは山家三方衆奥平貞昌の兵500である。長篠城は、豊川と宇連川が合流する断崖絶壁の地にあり、武田軍は、容易に落とせなかった。それが設楽原決戦の大敗北につながったとされる。救援を請うため岡崎に走った鳥居強右衛門の逸話は、この長篠城の攻防から生まれた。日本の百名城。JR飯田線「長篠城駅」徒歩8分。

長篠城址・新城市役所提供

7．奮闘する職員を育てる

　全国初の政策は、首長だけではできず、それを支え、発展させ、具体化する職員（補助機関）の存在が欠かせない。奮闘する職員をどう育てるかで、全国初の政策が花開くかどうかが決まってくる。

(1) 地方公務員法の職員

　地方公務員法は、昭和25年に制定された法律である。戦後の混乱期が落ち着き始めたころの法律である。

　地方公務員法には、「地方公務員の任用、職階制、給与、勤務時間その他の勤務条件、休業、分限及び懲戒、服務、研修及び勤務成績の評定、福祉及び利益の保護」（第１条）などが規定されているが、とりわけ、たくさんの服務の規定がある。

　第30条は、職員の服務の根本基準として、第１に「職員が全体の奉仕者として公共の利益のために勤務すべきこと」、第２に「職員が職務の遂行に当たって、全力を挙げてこれに専念しなければならないこと」を定めている。

　この根本基準の趣旨を具体的に実現するため、地方公務員法は、職員に対し、法令等及び職務命令に従う義務（第32条）、信用失墜行為の禁止（第33条）、秘密を守る義務（第34条）、職務に専念する義務（第35条）、政治的行為の制限（第36条）、争議行為等の禁止（第37条）、営利企業等の従事制限（第38条）を課している。

　簡単に言えば、職員は、「その勤務時間及び職務上の注意力のすべてをその職責遂行のために用い」（第35条）なければいけない。つまり、仕事時間中は、今夜、どこに飲みに行こうなどと考えてはいけないということで、厳格で融通がきかない公務員像が想定されている。

　しかし、この昭和の公務員像では、令和の時代、やっていけなくなっている。

(2) 分権協働時代の職員像

・ヒラメ型公務員を越えて

　地方分権前の職員像を例えて、ヒラメ型公務員と評されることがある。ヒラメのように目を上に向けている職員のことをいう。これは、自治体職員を揶揄した言い方であるが、実は一面では、正しい公務員像である。なぜならば、資金や政策や情報は、上（国）からくるので、上の状況を

みているのが優秀な職員とも言えるからである。

　ところが地方分権になると、上を見ているだけでは通用しない。地域に入って、地域の住民、議員、その他さまざまな人たちと議論ができ、アイディアを出し、市民の力を引き出せる職員が、分権協働時代の公務員のあるべき姿となる。

　これは、職員の採用方式に端的に表れていて、従来ならば、国の指示を忠実に短時間で処理できる職員を採用したが、地方分権以後は、地域の住民と膝を突き合わせて話ができるコミュニケーション能力が高い職員が採用されるようになった。

・市民の伴走者

　要するに、主権という絶対権を行使する国の職員と、自立と助けあいが基本である自治体の職員とでは、立ち位置や行動原理が違ってくるということである。自治体職員の場合は、住民を支え、その後押しする伴走者・後見者としての役割が重要性を持ってくる。

　たしかに自治体の仕事の大半は、法令等で決められていて、裁量の余地が乏しく、だれがやっても同じように見えるが、それは違う。同じ権限や資源があっても、それで120%の効果を出すか、50%の効果にとどまるかは、自治体職員の力量によって違ってくるからである。職員が120%の力を出せば、より暮らしやすいまちが実現されるし、その職員の態度が市民にも伝搬し、市民も大きな力を発揮できるようになる。

(3) 力を蓄えた職員

・小さな成功体験の積み重ね

　新城市の全国初の政策は、総務大臣賞を始め、数多くの賞を受けているが、これは市長のリーダーシップとともに、これを実践する新城市の職員たちがいなければできないことである。どんなにいいアイディアも、それを政策に落とし込むには職員の力が必要になる。

　しかし、実際には多くの自治体職員は、ルーチン業務がほとんどで、政策とは縁が乏しいし、ましてや全国初の政策を意識する機会はあまり

ないのが普通である。

　新城市の職員が、新しい政策のつくり方を学ぶ大きな契機となったのは、自治基本条例づくりを市民と一緒に行ったことである。新城市の自治基本条例は、時間をかけて、徹底して市民と議論しながらつくっていったが、その時間が長い分、職員の仕事ぶりに、その理念や手法が、ゆっくりと浸透していったのだろう。それが、世界を相手とした交流事業でも実践され、総務大臣賞につながっていく。

　畳の上の水練では、なかなか身につかない。大事なのは、日ごろの小さな成功体験の積み重ねである。それが自信につながり、次の挑戦への意欲となる。そのなかで新しいアイディアを政策として具体化できる職員層が構成されていく。

・**市民と平行な議論ができる職員**

　新城市らしい体験をしたことがある。あるとき新城市で自治基本条例のミニ講義があり、その意義や必要性について、具体例を出して話したことがあった。その後、質疑になったが、聞いていた一人が私に対して、新城市は、今後、どのようにしたらいいのかといった趣旨の質問をした。私は、自分たちで考え、実践するのが自治であるという話をしたばかりなので、少々がっかりして、返事を躊躇していたところ、担当職員だった森さんが、その市民に向かって、「新城における自治基本条例の意義を神奈川県に住んでいる松下さんに聞くのですか？」と言ったことがあった。

　それに呼応して、ある市民が、「人は一人では住めないから、私は自治基本条例をつくっている」と補強した。

　市民と自治体職員が、自由に意見を言い合っている姿は、見ていて気持ちがよいものだった。それが市民の伴走者という意味だと思う。

(4) 奮闘する職員に聞く・森玄成さん
（慈廣寺副住職・元新城市まちづくり推進課長）

■自己紹介をお願いします。

　大学や大学院で法律学を学びました。公務員養成学校の講師も経験し、新城市役所には2002年に、中途採用で法律専門職として就職しました。途中、県庁にも出向しましたが、市役所で法務や選挙事務に携り、そして、2010年から自治基本条例づくりに関わりました。

　それ以後は、もっぱら、まちづくりの仕事で、2020年3月に、まちづくり推進課長を最後に退職して、実家の慈廣寺副住職になりました。公務員を育てる学校で教えてはいましたが、まさか自分が公務員になるとは思いもよりませんでした。

■法律専門職の延長で、自治基本条例を担当したのですね。

　憲法や法律（公法）は、権力を抑制する機能を果たすものと学び、そして、教えてきました。条例も同様で、謙抑的であるべきと考えていたので、自治基本条例の担当にはなりましたが、最初は正直、自治基本条例に懐疑的でしたね。

■そのころを私もよく覚えています。なまじ法律学の知識があるので、自治基本条例には、一歩引いてしまうのですね。

　自治基本条例で、条例文をつくるのかと思ったら、松下先生の「条例づくりは文化づくり」というところから検討が始まりました。これまで習ったことのない考え方で、コペルニクス的転回でした。

　結局、法定受託事務と自治事務（任意の事務）がごっちゃになっていたのですね。法定受託事務であれば、法規に従って業務を執行しますが、

自治事務であれば、思考を転換しなければいけません。

　たとえて言うと、地方分権以前のこれまでの仕事は、決められた「学生服をきちんと着る」というイメージですが、これからの仕事は、自分らしい「私服を楽しむ」そんなふうにも感じました。

■自治基本条例を皮切りに、その後、本書で取り上げた若者政策・若者議会、公開政策討論会条例、市民まちづくり集会、ニューキャッスル・アライアンスも含め、ほぼ森さんが手がけていますね。

　貴重な経験です。自治基本条例を一緒に作ってきた市民メンバーに教えてもらったことが大きなヒントになっています。「市民」は何かこちら（行政）の失敗を指摘してくる存在だと疑ってしまうことがありますが、条例づくりを通じて市民もまちを良くしようと真剣で行政の気づかない視点とアイディアを持っていると教えていただきました。「市民を信じること」が原点にあり、その後も若者や市民のみなさんと一緒にまちづくりに取り組むようになりました。

　もう一つの行動原理ですが、既存の制度にとらわれず純粋に市民・若者の意見を制度化することに努めました。これは世界の新城・ニューキャッスルの市民・若者と話し合う機会で、まちづくりは人類共通の取り組みで100点満点の答えはないと自分なりに学びました。

　結果として全国初の仕事になりましたが、ねらったものではなく、法規に従って業務を執行する領域以外に、広大な未開領域があって、思考を変えてみると、それが見えてくるし、その分野の課題に取り組むと、結果として全国初になったのです。その発想のおおもとが、自治基本条例だったわけです。

■これらはみんな、市民の主体性、当事者性を前提とする仕事ですね。市民が幸せに暮らせるまちをつくるのが行政の本務ですが、その幸せづくりは、もはや役所だけではできず、市民参加や市民協働は避けられませんが、そのバランスが難しいですね。森さんは、両者のベスト

ミックスが巧みでしたね。

　よいメンバーに恵まれて仕事を進めることができたことが大きかったですね。でも行政主導ではまちづくりに限界があることは確かです。若者政策をはじめ新しい政策は、前例もなく、国も教えてくれません。市民参加、市民協働になると、話し合いながら決めていくため、ゴールがあらかじめ決まっていない時もあります。「答えは誰も持っていない。自分たちでつくり出す」ということだと思います。

　若者も市民も真剣です。この情熱にしっかり行政職員として応えることが重要で、市役所の担当職員も真剣に向き合っていたと思います。ベストミックスがうまくいったのは、若者・市民に寄り添うことのできる職員と働くことができたからです。

■ベストミックスの秘訣のようなものはありますか。

　行政のイニシアティブ、市民の主体性のベストミックスは永遠の課題ですね。

　秘訣というほどではありませんが、市民の知恵を集結し、それを行政の言葉やルールに転換する、役所内部では、気づかない役所の強みを引き出し、結合させることに注力しました。

　その際、相手（市民や市役所の他部署）の立場に立って考えることは努めました。強引に進める前提条件としてせめてこれだけはマナーだと思いましたので。

■市役所をやめて、外から見ると、余計、自治体職員のあり方が鮮明になるのではないですか。

　自治体職員の仕事は幅広く、福祉、防災、教育などの地道なものから、プロモーションなどの政策的なものまであります。どの仕事も重要で、職員は真剣に仕事に取り組んでいますが、今後ますます社会の課題は複雑化・専門化されていきます。

　そのなかで求められる自治体職員像が複数あって、例えば、税務、選挙

事務などのように、法律を忠実に実行する仕事、福祉や教育などのように、一人ひとりの状況に応じた柔軟な対応が必要な仕事、これまで国も県も考えたことのないような新しい発想が必要な仕事がありますね。一方で、自治体職員の多くは、地域住民の顔をもっており、消防団、PTAや自治会の役員なども務めています。

　自治体の中でも特に市町村職員のあり方は、専門性のみならず多面性・現場感覚が求められ、ますますその重要性が高まると思います。法令の知識のみならず、市民に寄り添うことのできる職員像が浮かび上がってきます。採用方法も変わってきているのはその証左でしょう。

■ **実家は歴史あるお寺と聞いていますが、その副住職さんということで、どんな暮らしでしょうか。**
　乳峯山慈廣寺は、1481年、宇利城主の熊谷摂津守直利が建立しました。

鳥原歌舞伎（鳥原・舟着地区）

江戸中期以降、地元の素人役者たちによって演じられる地歌舞伎は、全国で盛んに行われた。新城市の鳥原歌舞伎も、そのひとつで、大人による奉納歌舞伎のほか、地元小学生の『弁天娘女男白浪〜稲瀬川勢揃いの場』は奉納歌舞伎の目玉となっている。地区全体で、新城の文化を守り続けている。鳥原の日吉神社は、新東名新城ICから5.9km（12分）。

鳥原歌舞伎・鳥原歌舞伎保存会提供

現住職は33世になります。私は住職を補佐する仕事をしていますが、朝の読経に始まり、境内の草取り、庭木の剪定、山の下刈り、建物内の掃除や花活け、広報、法事や葬儀などを行っております。特に境内に40種類100鉢ほどの蓮があり、多くの参拝客をお迎えしております。

お寺のあり方も世の流れに従って変化しつつあり、抱える課題は市役所で考えていたことと共通するものがあります。毎日、一人ひとりが幸せになれるようにと、精進しております。

8．市民の出番をつくり、持てる力を発揮できるようにする

新城市にだけ優れた市民が数多くいるわけではない。どこにでも、出番を待っている市民がいて、その出番をつくり、持てる力を発揮できるような雰囲気、仕組み、後押しが用意されて、その市民が一歩踏み出したときに、全国初の新しい政策が生まれていく。

(1) 市民の役割・出番
・市民の活躍の機会・出番をつくる

地方自治の原点は、憲法第13条の個人の尊重である。個人を尊重するために、憲法第3章の基本的人権の規定があり、その基本的人権を保障するために、憲法第4章以下の統治機構がある。その統治機構のひとつが、第8章の地方自治である。

ここに、「個人として尊重される」(第13条)とは、役所が個人を大事にしてくれるという受け身の話ではなく、市民一人ひとりに価値があり、その価値を認め合い発展させていくという積極的・能動的な考え方である。

わかりやすくいうと、勉強できる人は勉強できることに価値があり、優しい人は優しいことに価値がある。それぞれが重要で価値があり、その価値を尊重、伸ばすことで、社会を発展させていくという思想が、憲法第13条である。その個人の尊重を実現する制度的保障が地方自治ということになる。

市民一人ひとりが、その持てる力を存分に発揮できる社会は、民主主

義社会ということでもあるが、こうした力を引き出し、そのパワーをよりよい社会をつくっていくエネルギーに転換していくのが自治経営で、そのために、市民の活躍の機会・出番をつくることが自治体政策である。

・**住民から市民に**

　地方自治法に規定されているのは住民である。住民とは、「市町村の区域内に住所を有する者」(第10条第1項)である。地方自治法ができた昭和22(1947)年当時は、農業、水産業など伝統的な自然資源依存型産業が主要な位置を占めていた。だから固定した住所に住む住民が地方自治の対象である。

　その後、産業の中心は、製造業、さらにはサービス業へと変化していった。また、道路交通網の発達、情報通信の高度化等も進んできた。こうした社会経済状況の変化で、自治の当事者は、そのまちに住む住民だけでなく、そのまちに通勤、通学する人まで広がってきた。

　これは新城市も同じで、人口ビジョンによると、2010年の人口は49,864人で、このうち就業者は25,816人である。就業者のうち、市内で働く人は17,985人(約69.7%)であり、7,755人(30.0%)の市民は市外に働きに行っている。他方、市外からは、5,683人が新城市に働き来ている。

　東三河の消滅可能性都市と宣告された新城市でも、これだけ毎日、市外から新城市に来ている。これら市外在住の通勤者・通学者を無視して

就業地の推移

	総人口	就業者人口(B+C)	自市で就業している就業者数(B)	他市区町村への通勤者数(C)	自市で従業している就業者割合	他市区町村への通勤者割合	他市区町村からの通勤者数(D)	C−D
2000年	53,603	28,646	18,252	10,394	63.7%	36.3%	7,669	2,725
2010年	49,864	25,816	17,985	7,755	69.7%	30.0%	5,683	2,072
2000年−2010年	−3,739	−2,830	−267	−2,639			−1,986	−653

※2010年　76名就業地不詳

(出所)新城市人口ビジョン

は、防災、防犯その他、まちづくり活動ができないということである。

　こうした背景から、自治基本条例では「市民」という概念がつくられ、住民のほか、在勤、在学、地域で活動している人や団体も含め、まちづくりの主体として位置づけている。

(2) 活躍する市民・支える市民

・東三河という土地柄

　どこの自治体にも優れた人はいるし、困った人もいる。ただ全体の傾向としては、新城市は、きまじめな人が多いと思う。

　東三河の土地柄について、これは新城の人から聞いた話である。「手元に１億円あったらどうするか」。

　　・西三河の人は１億円で事業を始める

　　・東三河の人は半分を貯金して半分で事業をする

　　・遠州の人は借入金を加えて事業を始める

　なるほどであるが、東三河に位置する新城市の全国初の政策は、こうした市民によって支えられているということなのだろう。

・活躍する市民を生み出す仕組み

　若者政策・若者議会では、何よりも立ち上がる若者がいた。公開政策討論会は、市民が自ら企画し、市民が運営した。自治振興事務所長の市民任用では、行政区長をはじめ、これまで公務を担ってきたたくさんの市民がいた。市民まちづくり集会は、市民が企画し、市民が運営している。

　どこのまちでも、多くの市民は、お任せ、あるいは無関心だし、市政に関わる市民は実際、きわめて少ない。新城市でも、基本は同じであるが、地域自治区の地域協議会、行政区、女性議会等の地域住民組織において、活躍する市民を発掘し、育てながら、全国初の政策をつくり、運営しているのだろう。

　また、新城市でできた全国初の政策は、活躍する市民を生み出す仕組みとしても機能している。最近、若者議会からは、市議会議員も生まれ

ている。今後もさらに、新たに活躍する市民を生み出す仕組みを自治経営のなかにビルドインしていく必要があるだろう。

・市民を支える市民リーダー

　新城市の全国初の政策は、いずれも市民が実践者であるが、その市民たちが同じ目標に向かって、建設的な議論を行い、協力しながらアイディアを実践できるのは、市民リーダーの存在が大きい。

　そのリーダーたちを見ていると、共通の心構え・行動様式を抽出できる。

　　・公平公正で、人柄もよく、いつも穏やかである
　　・市民に対する信頼がある。市民は、機会さえあれば、知恵と力を発揮してくれるといった信念を持っている
　　・あせらない。市民一人ひとりが、そういう気持ちになるように、時間をかけて、進めていける

　大事なのは、こうした市民リーダーを発掘し、リーダーに育てる機会と場所が、新城市には用意されていて、それが新たな市民リーダーを生み出す揺り籠となっている。

・市民を支える議員

　市民まちづくり集会が、条例で規定されているのは、新城市と焼津市のみである。市民、行政、議員が一堂に集まるというアイディアは、アイディアとしてはすぐに思いつくが、多くの自治体では採用されない。それは、この集会が、行政や議員に対する要望や苦情の場になったらどうするという心配からであるが、新城市では、その心配を乗り越えて、全国で最初に導入されることになった。

　制度化に至った理由の一つが、自治基本条例の検討の際、忙しい時間を割いて、何人かの議員が、いつも傍聴に来ていたことである。

　傍聴を続ける中で、まちを元気にするにはどうしたらよいのかをめぐって、市民が真摯に議論し、熱心に知恵を出している様子を見て、市民、行政、議員が一堂に集まり、一緒に議論することへの理解と自信がついたのではないだろうか。こうした議員の目立たないが地道な共感に

よって、市民まちづくり集会が陽の目を見たのだと思う、

　実際、市民まちづくり集会の各テーブルで、議員が、ファシリテート役を一生懸命やっている。市民と議会との距離を埋める作業は、容易ではないが、こうした地道な実践が両者の溝を埋める大事な第一歩になっていく。

(3) 市民リーダーに聞く・田村太一さん（株式会社田村組代表取締役）

■自己紹介をお願いします。

　土木工事業と林業を営む株式会社田村組の代表を務めています。公益的活動では、地域のシンクタンクである一般社団法人奥三河ビジョンフォーラムの専務理事をはじめ、各種団体の理事や事務局を多数務めています。新城市政との関りは、自治基本条例の検討委員や市民まちづくり集会の実行委員、新城地域協議会委員、自治振興事務所長、新城市長選挙公開政策討論会実行委員と、この本で取り上げている事業は、ほぼ関わっていますね（笑）。

■市民から見て、新城市というのはどんなまちですか。

　全国に誇れるオモシロいネタが豊富なまちだと思っています。広く市民に知られていなかったり、関わり方が限定的であることがもったいないですね。横のつながりが生まれると、もっとオモシロくなりそうです。

■私は、新城はオモシロいと思って、ずっと関わっていますが、新城市が初めての読者もいるので、田村さんから見て「オモシロい」の一端を披露してください。

　ニューキャッスル・アライアンスでは、人口5万に満たないまちが、「新しい城」を意味する同じ都市名というだけで14か国16都市とつながっ

ています。20年前に洒落のような発想から始まりましたが、いまや教育・文化、ビジネス交流へと広がっています。2018年に新城で開催した際に実行委員長を務めましたが、その際はできるだけ多くの人に知ってもらおうと、延べ6,000人の市民に関わっていただきました。

■新城市では、公開政策討論会条例をつくりましたが、それも実際に公開政策討論会が実施されてきたという実績があってのことです。田村さんは、その中心的なリーダーとして、JCのころから、公開討論会に関わり、運営を行ってきましたが、公開政策討論会を行うにあたって、心がけた点はどんなところですか。

公開政策討論会を企画すると、選挙は「政策」で選ぶべきといった意見がよく出ます。けれど、当選後にその「政策」を実現できるか否かは、その人の「人間性」による部分が大きい。そこで、「政策」と合わせて、その候補者の「人となり」も見極められるような公開政策討論会を運営してきました。

また、選挙は「政策」より「握手の数」といった意見もよくあります。その際には、選挙は手段、政策は目的ということで、まちの現状課題やこれからの方向性を知ることの大切さを伝えるようにしてきました。

■その後の条例づくりでも、たたき台づくりに、ずいぶんと頑張ってもらいました。

条例のたたき台づくりに当たっては、公開政策討論会の開催マニュアルを考えるだけでなく、市民の市政への参加の仕組みの中に位置づけることを常に考えました。市民が、①市政に興味をもつ→②候補者の政策を知る→③自分も行動する、とステップを踏めるようにです。公開政策討論会の形骸化が、しばしば指摘されますが、それは、公開政策討論会を選挙における選択肢の提供のためと目的を矮小化してしまったときに起きると思っています。

■たしかに公開政策討論会条例は、立候補予定者の立場からではなく、市民の知る権利から組み立てていますね。田村さんは、市民任用の地域振興事務所の所長さんもやっていますが、この経験も、公共を担う市民としての行動に影響を与えているのではないですか。

2015年に、市民任用第一号として、新城自治振興事務所と千郷自治振興事務所の事務所長を拝命しました。

事務所長を経験して感じたのは、官民の相互理解をもっと進めることの必要性ですね。民も官も、相手の不得手な部分に目がいきがちで、それが時には、民からの強い言葉となって現れ、他方、官は表立って反論することがしにくく、ずっと腹にためこんでしまう。お互いの弱みを補い合う必要があるのに、ちっともいいことではありません。お互いの強みをかけ合わせれば、地域の課題解決ももっと進むと思います。

事務所長は２年で退任しましたが、もっと民間のいろんな人に経験してもらうとよいと思います。

■田村さんは、地元の建設会社の社長さんもやっています。従業員もたくさんいて、こちらでもがんばっている。他方、自己紹介でもありましたように、たくさんの活動の役職や事務局も務めている。仕事と両立させながら、たくさんの公共的なことに関わっているわけですが、両方をうまくやるコツを教えてください。

コツがあったら教えて欲しいです（笑）。ただ自分は、仕事と公共的な活動に線引きをしていないのです。どちらも地域の存続のために必要なことだと思うからです。地域が元気でなければ、会社も存続できません。

公共的な活動から仕事になったものもあります。20年前、地域の課題や未来像を議論するなかで、森林の整備と活用に話が及び、それを担う人の減少が課題となっていたため、仕事として始めることになりました。

地域の課題に対し、仕事として解決できることがあれば仕事として考えるし、公益的な活動で解決できることであれば、その立場で動きます。

■官は公益、民間は儲けという二分法ではなく、地域のためになることを、官民それぞれの強みや特徴を活かしてやるということですね。最後に、市民リーダーとして心がけていることはどんなことですか。

自分がリーダーであるかどうかはともかくとして、その場が楽しい雰囲気になるように心がけています。楽しくないと続かないし、またやろうという気になりません。

楽しくするのに、心がけているのは、

1. 相手の話を聞く－自分の話を聞いてもらえないと楽しくないから。
2. 意見を整理する－混とんとして進む方向がみえないとイライラして楽しくないから。
3. 自分が結論付けない－人に押し付けられたり説得されるのは楽しくないから。

そうしたなかで、自分では気が付かなかったことに気が付いたり、知らなかったことを知ることは楽しいですね。リーダーというより、チームの中で、議論や活動を「楽しく」する役を担っていると考えています。

(4) 市民リーダーに聞く・前澤このみさん（新城市社会福祉協議会会長）

■自己紹介をお願いします。

新城市社会福祉協議会の会長をしています。新城市初の女性会長です。愛知県下53社協（名古屋市を除く）で女性会長は、新城市と豊根村だけですね。私自身は福祉の専門的な勉強をした訳でも、資格を持っている訳でもありません。どうして「私なの？」と市長に尋ねたところ、「走りながら考える人だから」と返ってきました。

■活動歴は長いのですか。

　地元の高校を卒業後、会社員をしていましたが、母が病気で半身マヒになったため、すぐに退職し、以後ずっと無職（主婦）です。

　母を看取ってから、市民生協の理事、NPO法人自立支援センター四岳館の理事・事務局長、奥三河九条の会事務局長、愛知県食育推進ボランティアなどを経験しています。伝統芸能の継承と普及によって奥三河を元気にするNPO法人てほへの理事もやっています。

　新城市の関係では、自治基本条例検討会議委員長、食育推進協議会会長、市民自治会議委員、福祉円卓会議会長やそれを受けた地域福祉条例検討会議の会長なども担当しています。

■多彩な活動経歴ですが、初めてご一緒したのは、自治基本条例の検討からですね。

　そうです。松下先生とは、2010年の自治基本条例を考えるシンポジウムに参加したとき以来になります。

　いろいろ活動しているように見えますが、会社を退職後、両親を看取り、狭い地域の中で活動している主婦です。お金を稼ぐことと縁なく人生のほとんどを過ごしてしまいました。金持ちにはなれませんでしたが、人持ちになれました（笑）。周りの多くの方々のおかげで日々つつがなく過ごしています。

■これまでの活動のなかで感じたことなどをご紹介ください。

　会社を退職して在宅介護をしながら、地域の活動（生協・こども劇場・文化活動）に参加し始めた頃は、男女差別が露骨にありました。

　「女のくせに」「女が代表じゃダメだ」。そんな発言がされても周りがたしなめることもない状況でした。

　それでも活動を続けて5年を過ぎると少し理解してくれる人が増えて、10年経ると「そういう活動もあるか」と認識されてきました。

　新城は、どこにでもある古い体質の町だったと感じますが、合併後の

さまざまな仕組みや動きのなかで、女性たちや若い人たちの間で、自分たちの暮らしとまちのあり方はつながっていると意識されるようになっているように思います。

時間を経て、「まちがひらけて（開けて・拓けて・啓けて）いきつつある」と感じています。

■社会や文化は、急には変わらず、でも後で振り返ってみると、以前とは少し変わってきたと気が付きますね。経歴をお聞きすると、伝統芸能のような分野もありますが、もっぱら福祉関連の活動が中心ですね。

福祉の仕事は、人に関わる（それも直接）という点でよい仕事だと思います。仕事の根っ子には「基本的人権」が張っていて、やりがいと現実との矛盾が渦巻いています。

日常生活を送るために欠かせない仕事ですが、必要性の高さに比べて仕事の重要性が認められていないし、女性が多く携わっているせいか低処遇でおかれていると感じています。

■福祉は、法律・制度もたくさんありますが、その分、課題も多いですね。身近な割には、複雑で分かりにくい分野です。

制度の多くが縦割りで、「人の暮らし」丸ごとを支援する仕組みは十分ではありません。連携がうまくとれないと支援がすすみません。働く人たちの熱意や工夫に頼っている未熟な部分をもち、資格や専門性を評価し保障する点もまだまだ弱いです。

ボランティア活動は、福祉系とまちづくり系に大別できますが、相互に情報交換や交流する機会もありません。うまく連携すると、大きな力になると思います。

■国の法律・制度は縦割りです。しかし、人々の暮らしは縦割りではないので、それを地域で横並びにしたり、つないだりする必要がありますね。私も参加している「福祉職を励ます条例」は、この問題を改善

しようという取り組みですね。

この条例づくりは、もともとは市長のマニフェストから始まった福祉円卓会議が出発点です。福祉円卓会議は、さまざまな分野の福祉現場で働く女性ばかりのメンバーと障害者施設の男性1名をアドバイザーに加えて構成されていました。

福祉の制度は分野が違うとお互いに交流がないので、まずはメンバーの職場見学から実施しました。

市内の福祉事業所で働く正規職員790人、非正規職員929人にアンケートも依頼しました。とにかく現場の実情や意見を踏まえて、中間報告をまとめ、その後、話し合いをすすめて、3つの施策と施策を継続的に支える条例づくりを答申しました。

■「走りながら考える」の前澤さんの面目躍如ですね。先ほど、「女性は引っ込んでろ」というところからスタートしたというお話でしたが、今では、このように女性ばかりの会議ができるようになっています。何よりも、この会議のメンバーが現場で働く人ばかりというのが、すごいですね。その分、いろいろとご苦労があったかと思います。

行政がふだん開く会議は、参加者が内容をほぼ承知していて、あらすじや着地点もほぼわかっているものばかりです。

ところが、私たちが集まった福祉円卓会議は、参加者は福祉現場を知っている方ばかりだけれど、この会議で出す結論は、「働き続けるために何が必要」という曖昧なものでした。

会議メンバーは「私の仕事」からスタートして、他のメンバーの職場見学を経て、「私たちの仕事」に話し合いを重ねて、「私たちの町のこれから」へと視点や考えを広げる、試行錯誤の1年半でした。

円卓会議を始めた頃は、「いかがですか」と指名しないと発言はでませんでしたが、職場見学やグループワークをするうちにお互いに打ち解けて、進んで発言されるようになりました。欠席されるときは書面で意見を出すなど、女性たちは真面目です。

特に、現場の多くの方々からのアンケートをいただいたことは、「地域と福祉を考える」は、他人事ではなく自分事としてむきあう原動力になりました。「アンケートに答えてくれた方々に何を返せるか」という言葉は会議で何度も発言されました。

会議を通して市内のさまざまな福祉分野で働く方々が、知り合ったことも大きな収穫でした。小さな町だからこそ、連携するきっかけがあれば手をつなぐことは可能です。手をつなぐことを仕組みにつくるという考え方が、条例づくりに発展したのではないかと思います。

事務局を担当する部署も、「市民が参加して意見を出しあい何かをまとめる」ことに不慣れで、会議メンバーと同じくらい試行錯誤したようです。自治基本条例に掲げた「市民参加」「世代のリレーができるまちづくり」をまだまだ市職員のみなさんが共有してはいない（部署によって温度差がある）ことも実感しました。

■その後、福祉円卓会議における答申を立法事実とする条例づくりになりますね。私もアドバイザーとして、参加させていただきました。福祉に限らず日本の政策課題の問題点は、制度はあるが、その制度を担う人材が極端に不足するという点ですね。制度は立派でも、その通りに動かないという問題です。

この条例づくりでは、福祉円卓会議メンバーに加え、公募委員を募り、福祉現場や経営にあたる男性も委員となって、（仮称）地域福祉条例検討会議を設置し、検討を行いました。2021年7月のパブリックコメントを経て、9月の条例化を目指しています。

条例では、福祉職の人たちの仕事が正しく評価され、福祉職の人たちが、自信をもって働けるための仕組みづくりを目指しています。

たしかに、福祉現場で働く人たちが、自らつくる条例は、全国初かもしれません。ただ、条例は、つくることが大事なのではなくて、つくった条例を活かしていくことが重要なので、つくっただけにならないように知恵を出し、汗を流したいと思っています。

■市民が公共的なことに関わるコツのようなものはありますか。

　市民は「地域の暮らしの専門家」なので、その視点と立ち位置を忘れないことですね。

　その際、自分は、「代表して」公共的なことに関わっている訳ではなく、時間や関心等の都合が整っていたので参加しているだけ、いつも周りの人から意見を預かって抱えてくる立場というのも自覚する必要があります。

　わからないこと、出来ないことは、わかる人や出来る人に任せる（知ったかぶりはしない）という謙虚さも大事ですね。

　また、仕事のように評価されることはないので、自分で自分の基準をもつことが、長続きのコツかもしれません。

■市民リーダーとして心がけていることは、どのようなことですか。

　時間が許せば、面倒でも話し合いを重ねるなかで結論を出すことですね。また、なるべく分担しあうようにしています。肩書き分担ではなく

阿寺の七滝（阿寺・鳳来南部地区）

日本の滝百選の１つにも選ばれ、巣山高原から流れ落ちる水が、礫岩の断層崖に七段の滝となっている。学術的には貴重な滝であるが、市民にとっての魅力は、マイナスイオンと森林浴である。JR飯田線「三河大野駅」からバスで25分。七滝口バス停下車徒歩15分。

阿寺の七滝・新城市役所提供

て、役割分担ですね。

機嫌の悪い顔をしないということも、案外、重要だと思っています。

９．協力する政策起業家と連携する

新城市の全国初の政策づくりでは、たくさんの応援団がいる。キングダンの政策の窓モデルでは、アジェンダ（政策課題）設定過程を問題、政策、政治という３つの流れで整理しているが、この合流のために尽力するアクターを政策起業家と呼んでいる。

(1) 政策起業家

・政策起業家とは

政策の窓モデルでは、市長のように目に見える参加者のほか、表面には出てこないが、その政策推進に大きな影響を与えた参加者の存在を指摘している。後者が政策起業家（Policy Entrepreneurs）である。

政策起業家とは、自らの支持する政策を推進するため、自らの資源（時間、エネルギー、財力、名声）を進んで投じる者である。政策起業家は、議員、キャリア官僚、ロビイスト、研究者、ジャーナリストなどが多いが、政策立案を後押しするものなら、だれでも政策起業家である。

外からは見えない参加者である政策起業家になる理由は、特定の問題についての率直な関心、参加することの喜び、経済的利益や称賛等の利己的利益の追求、政策価値の公共性・社会性等があげられている。

・多くの政策起業家が関わる

全国初の政策づくりに参加する政策起業家は一人というわけではなく、複数の政策起業家が関わるのが普通である。

例えば、2014年度から始まった新城市の若者政策づくりでは、私はアドバイザーになり、若者政策の必要性を提案し、その推進のために、いくつかのアドバイスを行ってきたが、その後は、若者議会に1,000万円の予算提案権を付与するという、私の思考の範囲を超える展開となった。

これは、当事者としての若者の思いの強さとそれに呼応する自治経営

者の行動力の賜物であるが、要するに、ここでは若者自身が政策起業家だったということである。

　自治振興事務所長の市民任用は、松本英昭（2011）『自治制度の証言――こうして改革は行われた』（ぎょうせい）に同旨の提案がある。ここでは、松本英昭氏が政策起業家だったと思われる（新城市長ブログ「山の舟歌」2016年10月12日「地域自治区の使い勝手」）。

　公開政策討論会条例の検討では、新城市は、特に専門家による委員会を設置せず、自治基本条例の附属機関である市民自治会議が検討した。まずは、市民による公開政策討論会検討作業部会が設置されたが、このメンバーとして作業部会をリードした元JCの田村太一氏は、政策起業家だったといえよう。また、ともすると錯綜しがちな市民の議論をリードし、条例案までに昇華させたのは、市民自治会議の議長である愛知大学鈴木誠教授のリーダーシップによる部分が大きい。ここでは、鈴木教授が政策起業家だったことになる。

　このように政策づくりには、何人かの政策起業家が関わるが、本人自身が政策起業家になっていることを意識していない場合があり、その全容は、分からない場合も多い。

（2）政策起業家の活動

・問題の流れ

　政策起業家は、政策担当者が気づいていない課題を提案し、特定の問題に対する関心を深めて、アジェンダをより高位に押し上げるために、次のような活動を行う。

- ・重要な問題であることを数値や証拠に基づいて客観的に明らかにし、行政や市民団体といった政策コミュニティの構成員たちの注意を引き付ける
- ・政策に起因する事件・事故などを分かりやすく読み解き、問題の存在や意味を気づかせようとする
- ・キーマンと面接し、問題の意味を理解してもらうように働きかける

若者政策・若者議会では、すでに述べたように、私は講演や研修で、さまざまな市長さんにお会いするたびに、若者政策の意義を力説した。そのなかで、唯一、「私もそう思う」と呼応したのが、新城市の穂積市長だった。3期目の市長選挙の前（2013年11月）で、第1回の市民まちづくり集会（8月25日）がスタートする前、新城文化会館の控室だった。

・政策の流れ

政策起業家は、政策課題に取り組もうとする政策決定者に対して、その解決の方向性や具体的手段に関する理論や政策案を用意し、政策の窓が急に開いても対応できるように、あらかじめ準備しておく。

- ・政策の意義や必要性、政策の体系や内容、国や他自治体の動向等を調査し、論文やレポートにまとめておく
- ・雑誌やインターネットで、政策内容を公表し、いつでも使える政策案があることを示しておく

若者政策の取り組みでは、私が準備したのは、主に次の2つである。

まず、政策の体系化では、2013年、神奈川県市町村研修センターで、1年間をかけて若者の社会参画を取り上げて、その体系化を試みた。当時は、どこの自治体にも若者の活躍という視点はなく、苦労しながら政策体系を考えていった。その時の参加者の言葉は今でも忘れられない。「日本中で、こんな事を考えている人はいないのではないか」。

若者の社会参画の実践では、相模原市南区の区民会議において、2012年から、若者の地域参画を実践してきた。それをルールブックとしてまとめたのが、『まちづくりのトリセツ』である。

これら実績は、これから若者政策を立案する新城市の担当者に、自信を与えることになったと思う。

・流れの合流

政策起業家は、問題、政策、政治の流れを合流させるという役割も担う。自らの有する専門的知識や体験、情報、人脈、時間といった資源を積極的に活かして、流れを合流させることに注力する。

政策の窓は、突然に開くので、その機会を逃さないような注意が必要

である。

　かつては、その機会のひとつが、統一地方選挙であった。私も、この
タイミングを狙って、政策提案の本を書いた。しかし今日では、首長に
関しては、この法則が当たらなくなってしまった。不祥事や政治的な駆
け引きで首長の途中辞任が増え、また平成の大合併で選挙日がずれたた
めである。統一率は2019年で、一般の市長で11%、町村長で14%にまで
下がっている。

　また政策起業家は、誰とでも会い、政策の意義を語る。若者政策では、
私は全国の市長に会うたびに、その意義を語った。

　2017年の公開政策討論会では、候補者3名のうち、2名は早々と実施
を合意したが、1名は消極的だった。私は遠方のため、直接には説得で
きないので、ブログを書き、必要性や意義を発信し続けた。政策討論会
の実施に関するブログの記事は、55回にもなった。

　新城市の全国初の政策づくりに、私がどれだけ寄与したかを客観的に
実証することは難しいし、それを声高に言うのはおこがましいが、それ
なりの寄与ができたのではないかと自負している。

(3) 政策起業家に聞く・今井邦人さん（住民参加・協働ファシリテーター）

　政策起業家のひとりとして、新城市の「市民自治の文化づくり」に関
わった住民参加・協働ファシリテーター・今井邦人さんに、新城市との
関わりや心がけたこと等を聞いた。

■住民参加・協働ファシリテーター
**　とは、いま風の肩書ですが、まずは**
**　自己紹介をお願いします。**

　住民参加や市民協働のまちづくり
で、多様な立場の人々の話し合いや、持
続的なまちづくりのための組織化や、
具体的なプロジェクトの立ち上げなど

がうまく進むよう、伴走しながらサポートすることを仕事にしています。

　今から30年くらい前、建築の学生の頃、古い市営住宅の研究の延長で居住者参加による建替に関わって以来、公共施設の設計や都市計画事業のようなハード事業、自治基本条例などのソフト事業での住民参加・市民協働のプロジェクトに関わらせていただいています。

■新城市のまちづくりへの関わりは、自治基本条例づくりからですね。

　松下先生からのお誘いがきっかけでしたね。先生からは、いつも突然、電話やごく短いメールをいただきます。2010年の３月末頃だったと思います。

　ただ当時は、他のまちの自治基本条例づくりや新しいプロジェクトをスタートしようとしていたこともあり、フルサポートできる自信がなかったので、主に市民主体の話し合いの考え方や進め方を実践を通じて新城市の皆さんにお伝えする役割とさせていただきました。

■当時、自治基本条例については、アクセサリー的に取り組む自治体のあるなかで、新城は真正面から取り組むと感じました。自治基本条例には、市民が主体になる取り組みが不可欠なので、そこで、その道のプロの助力が必要だと考え、今井さんに連絡しました。実際、新城市では、市民からつくり上げていくという取り組みになりましたね。

　参加のまちづくりをサポートする上での基本的姿勢として、答えはすべて新城の皆さんの中にあるということを前提として関わらせていただきました。しかし、こうしたスタンスでの進め方は、必ずしも参加した市民の方にとって、最初からわかりやすいものではないというところもあったと思います。

■そうでしょうね。これまでは、役所が答えを用意して、市民は、それに対して、２,３の意見を言うというのが普通のやり方でした。

　新城市の自治基本条例は新城市の皆さんのものですから、参加してい

る皆さんのふだんの暮らしや活動とのつながりが感じられたり見えたりする条例であることが大切だと思います。ですので、そのための意見表出や対話の場をつくることにこだわりました。

　2001年頃の話になりますが、私が最初に参加・協働の自治基本条例づくりに関わったのは、東京都多摩市でした。見るものやることすべてが初めてで、ニセコ町まちづくり基本条例も検討中でしたから、参考になるものはほとんどありませんでした。

　多摩市では、最も「市民の言葉」が反映できそうな条例の「前文」で、有志から案を募集し、各案のフレーズをバラして大きな紙の帯に書き写して編集するワークショップを「アナログワープロ」と称してやりました。その時の「市民の意見」は現在の多摩市自治基本条例の前文にかなり残っています。

　ただ、「前文」というのは自治基本条例を位置づける上でとても重要ですが、その自治体ならではのこれからのやり方を明確に示していくには、条文の本体（条文）に、市民の経験や実感を伴った言葉が入っていることが必要だと考えるようになりました。市民の言葉がそのまま条文にならなかったとしても、市民の言葉を適切に条例の言葉に変換することが重要で、それこそが専門家の役割なのではないでしょうか。

　ですから、市民が市民の立場で考え、市民の言葉で表現しきってもらうことについては、それはもう意地でも、こだわっていたように思います。また、それは、これからの自治を組み立てていくにあたり、市民だけでなく、行政関係者にも議会関係者にも必要なことだと思います。

■**期待通り、今井さんは、初期からワークショップやファシリテーションを採り入れて、まちづくりを進めていますが、心がけたことはどんな点ですか。**

　自分のファシリテーションのスタイルとしては、よい意味での「ほったらかし」です。ワークショップの内容や進め方（プログラム）については、苦しみながら（担当の方には申し訳ないのですが）ギリギリまで

考え抜いてつくりますが、ワークショップの当日は、各プログラムでの参加者への「問い」を各グループの参加者だけで話し合えるような道具立てや進め方をするので、グループワークの最中はできるだけ余計な口出しをしないようにしています。沈黙やとまどい、悩みも含めて、参加者の皆さんの力を信じて見守るほうが、「本当の答え」にたどり着く場面を、これまで幾度となく見てきたからです。

　もちろん、各グループの話し合いの進み具合や様子を観察しながら、より参加者の感覚に合った問いかけに修正したりもしますが、その日の会議の終了時刻をオーバーしないように時間管理をすることが当日の一番大事な役割くらいの感じで。

■市民も戸惑ったでしょうが、市役所の担当者も戸惑ったでしょうね。

　まあ、たしかに、市の担当の方（特に森さん）は大変だったでしょうね。よその条例は見るな、自分たちで考えろと言われるのですから。でも仕事としては、条例案をきちんとしたかたちにまとめなければいけない。その結果、当初の想定よりも大幅に市民提言の時期が遅くなったことにも影響したでしょうし、それで良かったかどうか、少なくとも自分の中での検証がいまだにできていないことが、ずっと心残りであったことも告白しておきます。

■実は、私も影響を受けたのです。それ以後、条例づくりを頼まれると、よその条例を見るな。見ても、話半分の参考程度にした方がいいと言うようになりました。条例づくりをずっとやってきた者にとっては、コペルニクス的転回ですね。

　結果として、新城市では、非常にオリジナリティの高い自治基本条例になりました。自分の役割を終えてから、プレ市民総会や市民まちづくり集会などに違った立場で参加させていただいた時、新城市の皆さんの会議の場づくりやワークショップの進行の仕方などを現場で見せていただき、とても勉強になっています。二択の旗上げアンケートなど、こっ

そりと真似て自分のファシリテーションに取り入れさせてもらったプログラムもあります。

■ **新城市における政策起業家としての今井さんの役割は、市民自治の文化づくりにあったと評価していますが、その点からは、新城市の政策をどのように評価していますか。**

今ある優れた政策（市民まちづくり集会、若者政策、公開討論会制度など）が、これまでの様々な経験というか、先人の努力や思いを大切にして、その延長線上に明確に位置づけ、物語として語れる文化が新城市のすごさだと思っています。例えば、若者政策は、かつてニューキャッスルの国際交流の中で参加した若者が「他の国の若者は自分の地域を語れるのに、自分たちは何も語れなかった」という悔しさが源泉にあって今の若者政策に至っているというエピソードはその典型です。

一人ひとりを大切にしながら政策をアップデートしていく文化が新城市にはあって、それは自分が理想とする参加・協働まちづくりのあり方が目の前にあるようで、とても嬉しい経験でした。当時、自分自身として市民自治の文化をつくっている自覚がどれだけあったか定かでありませんが、新城市の皆さんの自治や民主主義への姿勢ややり方への共感は大いにあったと思います。

■ **よいと思ったものは、どんどん取り上げていく。難しく言うと「止揚」ですが、これが民主主義の極意ですね。**
時間の経過で、代替わりが進むのは社会の常で、新城でも同じですが、外部から見て、新城のまちづくりで、続けてほしいところは、どんなところですか。

全国各地での地域の人々の過去の取り組みや経験というものは、よい取り組みや経験であっても断絶しがちで、よりよい未来になかなかつながっていかない、もどかしさやもったいなさというものが本当に多いというか、ほとんどそうなのではないかと思えるくらいです。恐らくそれ

は、過去の経験を活かすということが、たやすくないからということだと思いますが、新城市ではそれができている。その種明かしは、松下先生が様々な角度から解説されているので、ぜひ、経験を大切にしてよりよい未来につなげていくこと（それはとりもなおさず、一人ひとりを大切にすることでもあると思います）を、これからも続けていっていただきたいと思います。

歴史の小径（作手地区）

新城市作手地区の戦国時代の歴史ウォーキングコースである（全長10km）。道中には、6か所の城跡と2か所の寺、歴史資料館があり、戦国情緒が満載のコースとなっている。JR飯田線「新城駅」徒歩5分のバス停「新城栄町」から40分。作手高里バス停下車（作手歴史民族資料館）。

歴史の小径・つくでスマイルホームページ

Ⅳ　インタビュー（穂積亮次市長）
全国初の政策づくり―住民自治を切り口に

1.「使える理念」としての住民自治

　穂積市長が提案・実施する一連の政策を見ていると、住民自治を基点に地方自治を考えていこうという姿勢が鮮明である。住民自治は、地方自治の実務を動かす「使える理念」であるとともに、全国初の政策を生み出す理念であるともいえる。

（1）住民自治の背景

・地方自治との関わり

　（松下）　地方自治に関わることになるきっかけは、人さまざまです。私は20代の後半に、やや確信的に地方自治の世界に入っていきましたが、穂積市長は、50歳を過ぎてからになりますね。

　（穂積）　1969年、大学全共闘に触発されて全国で高校紛争が勃発するのですが、私はその当事者となり、その後高校を中退、党派活動家として過ごしました。

　その渦中の事件で服役の身となり、全てを終えて社会復帰したのが40歳を過ぎた時です。それから父祖の地の新城市に居を移し、山林の仕事に携わります。それを契機に地方の政治・行政と身近なかかわりができたのですが、それは50歳過ぎのことでした。

・「生きる場」としての地方自治

　（松下）　穂積市長の『自治する日本』（萌書房）のおわりに「地域社会の懐の深さ」という言葉が書かれています。この地域への感謝の気持ちが、穂積市長の地方自治の出発点になっているように思います。「居場所

を見つけた」というと、何か上から目線の言い方で恐縮ですが、地域社会への感謝の気持ちが、活躍の原動力になっていると思っています。

（穂積）私のような前歴の者が公職に就くことには、強い拒否感を持つ方々がおられます。当然のことと思いますが、それが住民の総意であれば私が参入する余地はありません。

ところが、それを承知の上で地域のために力を尽くせと、私を公の場に押し出してくれた方々がおられたことで、まったく違った歩みを始めることになりました。

私にとっては「居場所」を越えて「生きる場」が与えられたのも同然でした。

（松下）この穂積市長の出自が、地方自治に向かう姿勢の高さ、特に住民自治を基点に地方自治を行っていくという行動原理に繋がっているように思っています。

(2) 住民自治の理論
・使える理念

（松下）さて、住民自治ですが、これは地方自治の基本要素です。穂積市長の一連の政策は、この住民自治から組み立て、住民自治という概念は、単にテキスト上の理論・理念ではなく、地方自治の実務を動かす、「使える理念」になっていることが分かります。

（穂積）私の目標は、全ての住民が自治の主体となることです。ここで言う「全ての住民」とは、単に遠い理想形のことではありません。また、もちろん、いまこの瞬間に、文字通り全員がそうなっているべきということでもありません。

誰であっても、それを自ら必要としたとき、そうなりたいと意思したとき、そこに入る扉がオープンになっていて、恣意的に排除されないことを意味します。

理念や目標の上でも、具体的な制度の設計や運用の上でも、それを貫くことを目指してきました。

（松下）そうですね。自分の人生を振り返っても、ちょっとお休みのとき、今ならがんばれるときがありました。参加したいと思ったときに参加できる、この本人の自主性、主体性を尊重することこそが住民自治ですね。

・**これまでの地方自治の行動原理—信託論**

（松下）この住民自治の理論は、学会の多数説では、政府をコントロールすることと理解されています。その理論が信託論ですね。日本の地方自治では、二重の信託論と言って、住民は、国家政府に信託しているとともに、地方政府にも信託しているという考え方です。これによって、自治体も住民の信託により成り立っている政府ということになり、市民の政府になります。

（穂積）機関委任事務等を通して地方自治体が国の省庁に紐づけされていた時代から、国と対等・協力関係のもとに、身近な公共サービスは身近な自治体が主に担うという「近接・補完の原理」が地方自治法にも書き込まれる時代に入りました。それにしたがい、地方自治体を「地方政府」のレベルにまで押し上げようという議論が生まれてきたと思います。

（松下）その積極的意味は、十分理解できますが、地方政府という位置づけに満足して、そこで思考停止してしまい、実際の仕組みや行動は、国を模すだけで、結局、ミニ国家的な発想にとどまってしまったのではないかというのが私の疑問です。

（穂積）この議論は現在低調になっている感がありますが、まだ「生煮え」のところがあるからと受け止めています。

・**信託論を越えて**

（松下）国と自治体は、生まれも育ちも違うので、地方ならではの現実に立脚した行動原理があるはずです。

（穂積）国とは区別された自治体の自主性・自立性が強く意識化されてくれば、地方自治体——とくに基礎自治体の本来の成り立ちや地域社会との関係性は、より本質的に問い直されるべきだと思います。

　事実、市町村の自治事務の多くは、もとをただせば地域社会の共同事

務に原型を持つものではないでしょうか。ですからこれら事務の遂行のためには、地域社会の協力がなければ一歩も進みません。そこでは相互牽制よりも相互扶助の、代表委任よりも全成員の意思確認のプロセスが重視され、その信頼関係が社会資源として機能します。

　（松下）ただ、誤解をされるといけないのですが、信託論が全く正当性を失ったと言っているわけではありません。

　（穂積）そうですね。自治体も徴税権を筆頭に行政執行の上では少なからぬ強制力をもち、それらは何らかの形で国家の力を後ろ盾にしているので、「民主的統制」の原理は必須のものだとはいえ、その一色だけで地方自治体のマネジメントを描くのは無理があると思います。

・ガバメント・ガバナンスのベストミックス

　（松下）この自治体政府の二面性は、ガバメントとガバナンスが対比されますが、そのベストミックスを探るのが、自治経営ということだと思います。そのギアの入れ方、力加減が、自治経営の真髄ではないかと思っています。

　（穂積）同感です。そもそも首長の機能にその二面性が備わっています。自ら自身で、その「チェック・アンド・バランス」を図ることに努めなければならないのだと思います。

（3）住民自治に基づく政策を始めるにあたって

・理念だけでは動かない住民自治

　（松下）たくさんの新しい政策を打ち出していますが、必ずしも順風満帆、ストレートに、当初思い描いた通りに行くという経過はたどっていませんね。

　（穂積）私は最初の市長選（2005年）でのマニフェストに、「地域自治区」導入や「自治基本条例」制定を検討すると謳いました。当時各地の先進自治体でさかんに取り組まれていたことで、とても魅力的に感じ自分も挑戦したいと考えたからです。

　しかし、ことは一朝一夕にいきませんでした。当然のことです。従前

から行政区制度をはじめ集落単位や学区単位での、歴史的背景と実績を
もった住民組織があり、自治体行政と密接な連携関係にあります。これ
らを再整理しないとただ理念的に叫んでみても、地域が動いてくれるは
ずもないからです。

　「地域社会」とは何か。私は自分なりにその再定義を確立できないか
ぎり、この課題は１ミリも進まないし、手をつけることさえできないと
自戒しました。

・地域社会の再定義

　（松下）「地域社会」とは何かから考え直すというのは、興味深いです
ね。どのように再定義されたのですか。

　（穂積）たとえば市町村合併に際しては、就業・就学形態や交通事情、
情報基盤等々の変化から、隣接市町村がみな同じような公共施設を備え
ることの非効率性が言われました。再編統合、再配置すれば利便性は変
わらないし、同じ時間で往来できる範囲が格段に広がっているのだから、
広域行政が合理的選択である、等々です。

　これらは一面の真理ですが、それを演繹してみると、では基礎自治体
の「適正規模」とは何だという問いに、ストンと腑に落ちる答えが見つか
らなくなるのです。行政効率からいって10万人から30万人程度の規模が
望ましいとされましたが、それを指標とするのか。人口規模は分かると
しても面積規模や土地利用の視点でみればどうか等々の問いです。また
行政規模とは別に地域コミュニティ運営の問題も相変わらず残ります。

　（松下）私も横浜市で、行政区のあり方を担当し、もっぱら人口規模を
想定し、そこから行政機能やサービスのあり方を考えていきました。合
併の発想もその延長線ですね。行政マンにとってはオーソドックスな考
え方と言えますね。

　（穂積）しかし、どんなに技術手段が高度化し、情報・交通形態が変
わっても、人間の身体的特性までは変わりませんので、例えば乳幼児や
介護を必要とする高齢者、障がいや病気を持つ人など、何らかの扶助を
必要とする人の存在はなくなりません。しかも乳幼児と終焉期の高齢者

は、人間の生れ落ちる時と死を迎える時の両端、つまりは人間を人間たらしめる生命循環の根源的存在ですし、すべての人がかつての乳幼児であり、これからの老人です。この両世代は自力で移動できないので、広域か狭域かという問題設定自体に意味がありません。

（松下）なるほど。

（穂積）生物的な生命循環の面からみれば、家族がその基本単位となるでしょうが、人間は社会的存在として家族の外にもう一回り大きな共同体を結成して暮らしを維持します。ごみ処理だとか、葬祭だとか、消防だとか、水利だとか、託児だとかの、当たり前の生活を維持するために不可欠な共同機能を担保するためです。それは単に家族の集合体でもありません。単身者もいれば、病者もおり、時には孤児もいるでしょうし、さらには性的アイデンティティから婚姻と家族形態は他と違うが、それ以外では社会的役割を同等に果たす人も包括されています。その基本単位が地域社会なのではないでしょうか。大災害時など生存の危機に直面したときに、地域社会の真価が問われるのもうなずけることです。

　地域社会とは、人間が生命活動の継承を行う共同母胎であり、世代更新の場であること。これが私なりに得心できた答えでした。言い換えると、世代の更新が不能になれば、その地域社会は存続の意味を失うということです。

（松下）それが若者政策につながりますね。私が考える若者政策とは、源流が違いますが、さまざまな流れが合わさって、新城市の若者政策ができているのですね。

（4）住民自治のアイデンティティ
・世代のリレーができるまち

（穂積）新城市の自治基本条例には、「世代のリレーができるまち」という目標が掲げられていますが、これが地域住民自治のアイデンティティです。

（松下）そういう背景があって、「世代のリレーができるまち」が目標に

なるのですね。今初めて、分かりました。

・地域自治区制度の導入にあっても

（穂積）地域自治区制度を導入し、制度設計するときの基本哲学もここに置きました。地域自治区は一般的には「域内分権」の装置として理解されるところですが、基礎自治体自身の基礎・土台となる地域社会を、住民自治の原理で意識的にまた法制度的に再構築する努力でもあるのです。

（松下）地域自治区制度は、研究者の間では、評価が低い制度ですが、これを住民自治の理念で再構築したというのはよく分かります。この団体自治を住民自治から再構成するという点は重要な論点ですが、地域自治区が、地域社会のあり方（世代更新）から再構築されているというのは、興味深いですね。

(5) 都市部と中山間地の住民自治

・相模原市と新城市

（松下）私は、相模原市で、住民自治改革に取り組んできました。相模原市は、人口70万人の政令指定都市で、3つの行政区にわかれています。そのうち、相模原市南区で活動しました。南区だけでも、28万人の人が住んでいます。

新城市は、人口4万7000人です。住民自治のあり方も違うように思います。

（穂積）残念ながらこの方面でも私は大規模自治体の経営経験がありませんので、裏付けをもったことは語れないのです。それを差し引いてお聞きいただければという範囲で、申し上げたいと思います。

違いはあると思います。その違いの本質は、土地利用のあり方やそこへの住民の関与の仕方に根ざしているように思います。

・土地利用のあり方の違いが住民自治に影響する

（穂積）行政内部にいて痛感したことのなかに次のことがあります。それは社会開発の全過程で、国一都道府県一市町村を貫いている共通の行

政目標があって、それは土地の生産性をいかに上げ、土地利用をいかに高度化するかという点に収れんされるのではないか、ということです。

　人口規模に比して狭小な可住地や耕地という条件のもとで、都市開発と農林漁業の近代化を並走させ、産業集積をはかるための道路、鉄道、港湾、空港等の配置を不断に更新しながら国際競争力を向上させ、国土の一体的なまた均衡ある整備をはかること。日本は国を挙げて一心不乱にそれにまい進してきましたが、行政はこのための手法を体系化してきたと思います。

　（松下） 国というのは、「想像の共同体」と言われますが、バラバラになりがちな国民の求心力を強めるために、豊かな暮らしが実感できるものを示すことが必要です。考えてみると、戦国時代でも、為政者は強い国づくりのために、治水や農地開拓など、国土整備に取り組みます。

・中山間地の暮らしと住民自治

　（穂積） 森林法、農地法、都市計画法、自然公園法が土地利用に関する基本的な法規制として据えられています。このなかで中山間地の地域社会は、やはり農地や林地の所有と利用に関するルールや慣習に強く性格づけられています（漁村地域のことはよくわかっていません）。今でも入会地的な共益地が維持されていたり、明治・昭和・平成の市町村合併を経るごとに旧町村有の土地を、「財産区」の形で地域に管理を委ねたりといった措置をとってきて、そのことが地域共同体の運営やときには学校の設立にまで深い影響を及ぼします。

　（松下） この土地利用のあり方が、住民の意識を規定し、住民自治に影響を与え、住民自治の政策内容を規定していくと、行政経営を行うなかで、感じてきたということですね。

・都会と中山間地の住民自治の展望

　（穂積） 農地法や森林法が大きなウエイトを占めている地域の生活空間は、自然物の制約やその利用と保護によって大きく規定され、人間関係もそれを基盤にして編み込まれ、地縁・血縁で結合した共同体意識が濃密です。この共同体の力を引き継ぎながら、さまざまな現代的テーマに

立ち向かっていく適応力を磨くことが、これからの課題だと思います。

　一方、都市の生活空間は、人工の構造物や建築物で囲まれているので、エゴとエゴの衝突や無秩序な乱開発を抑制するために、一定のゾーニングへと土地利用を誘導する集団規制なり公共コントロールなりが発動されています。そのためのルールとして、都市計画があります。都市部でのまちづくりは、都市計画法と各都市の都市計画によって枠組みが決まります。都市の市民性は、この公共空間のつくり方やコントロール機能への自覚を拠り所として育まれるものではないでしょうか。地縁に依存せずに「全体最適」を合意しあうモラル共同体のようなものが展望できると思います。

　(松下)　この点は、私は少し理解が違います。たしかに都市部と中山間地とでは、量的な違いはありますが、ゲマインシャフトとゲゼルシャフトの区別のような質的な違いまであるのだろうかと考えています。例えば、若者から大人まで、「無視」という行為に対しては都会の人であっても、同じように恐れます。

　私は、アジアモンスーンとそれを利用した2000年も続く米作、それに由来する共同意識が、DNAのように組み込まれているのだと思います。

・**都市部と中山間地の住民自治の仕組みの違い**

　(松下)　相模原市南区には、旧村の流れで、7つのまちづくりセンターがあり、住民票などの基礎的サービスをしています。まちづくりセンターとはいっても、平均すると4万人くらいの人口になるので、そこに資源・権限を移していくのが方向性であると提言してきました。しかし、ここまでで精一杯で、10年間、頑張りましたが、先に進みませんでした。

　他方、新城市は、地域自治区を定め、さらには地域マネージャーなどを整備して、自治区の自立性を高めていく方向性ですが、これは規模の問題というよりは、問題の切迫度、住民自治の理念など、さまざまなことが関連していると思います。正直、新城市がうらやましいですね。

　(穂積)　住民自治の運営人材をいかに育成していくのか、大問題が横たわっています。集落機能の中から必要に応じて供給されてきた地域リー

ダーの「枯渇」リスクが、目前に迫っています。この面での改革は、待ったなしの状況と認識していて、地域側にとってはより切実です。女性や若者の登用が進むとともに、地域マネジメントのプログラミングを進化させて一定の標準線を出していく作業も進めなければと思います。

(6) 新しい政策の源泉としての住民自治
・住民自治改革と全国初の政策

（松下）これまでの地方分権改革は、結局は団体自治改革を中心にやってきました。他方、住民自治改革の視点から考えると、山のような未開拓分野が残されていますね。今回、紹介している若者政策や公開政策討論会などが、この未開拓分野に踏み込む住民自治改革ですが、そのほか、外国人政策など、ここは新しい政策課題の宝庫ですね。

（穂積）「すべての住民が自治の主体となる」と先に述べた目標からしても、残された課題、これから発掘されてくる課題は無限とも言えると思います。

民主主義の発達度は何によって測られるのかと言えば、私は権利の主体や権利の領域がどれだけ広がっているのかによるものと考えています。たとえば参政権一つとっても、昔は高額納税者にしか与えられていなかったのが、次いで普通選挙制へ、さらに女性参政権へと進んできました。投票年齢も下がってきました。また国民の諸権利も、古典的な人権規範から、環境権や知る権利、個人情報保護など、それまでは権利と考えられていなかったものが追加認知されていくプロセスをたどっています。それにつれて障がい者差別をはじめ、特定の人々や少数者への抑圧・排除を許さない法制度が整備されてきました。

松下先生が提起されている「外国人は消防団員になれるか」という問題もそうですが、地方自治の現場は新たな権利・義務主体や協働参画主体をつねに掘り起こし、「自治の領地」そのものを拡張し続ける営みだと思います。

・励ましの地方自治

（松下）この点についても、おおむね同意しますが、これまでは、新しい権利（政策）を民主的統制の延長線で考えてきたので、「行き過ぎ」などの事例も出ています。新城市では、こんなことはないでしょうが、横浜市などでは、「その人の関わった全仕事の情報公開請求」などもあります。莫大な税金を使って調査したが、請求者は取りに来ないといった事例です。

（穂積）「全ての住民が自治の主体となる」ことは、言い換えれば、全ての住民が統治の仕事に意識的に向き合い、参与することに通じるはずです。一方的な要求から、利害調整と合意形成の手順にまで配意し、政治行政の民主的運営を学ぶプロセスです。「民主的統制論」は、住民を自治と統治の主体にしていく指向性が希薄に感じます。

（松下）民主的統制の延長線で考えても、もう新しい政策課題は見つからないと思います。すでに議論したように、自治体の仕事の多くが共同体の仕事だと考えると、住民の自立性（自律性）を大事にし、それを後押しする政策分野があります。私はそれを「励ましの地方自治」と呼んでいます。「励まし」から考えると、これまでにない、新たな政策が生まれてきます。

（穂積）松下先生の提唱する「励ましの地方自治」の意味するところはよく理解できるところですが、前から一つだけ確かめておきたいことがありました。それは「励まし」とは、誰が誰に対して、また何に対してするものと定義されるのかということです。

（松下）「励まし」を言い換えると、信頼や協力になります。そう考えると住民間、住民・行政間、住民・議員間など、さまざまな自治の当事者間に励ましがあると考えています。

（穂積）自治体が住民を後押しする面で「励ましの地方自治」を取り上げると、その萌芽はすでに始まっていますし、行政用語の中で定立しているものもあります。たとえば男女共同参画事業のなかで使われる「エンパワーメント」などがそうでしょうし、NPO活動へのアプローチもそ

うだと思います。

（松下）政策課題は、「事務室ではなく、現場で起こっている」ので、そうだと思います。

（穂積）そして、ご指摘のように、「監視の地方自治」から「励ましの地方自治」へと、問題設定を変えたとたんに、あらたな可能性が無数に広がってくることも間違いないと思います。

（松下）本書のテーマである全国初の政策も、ここから生まれてきますね。

（穂積）一方、自治体組織あるいは職員集団の立ち位置から見た場合は、どうなのでしょうか。私自身は、自治体組織は住民自治の専従組織であると規定することで、この問題を整理したいと考えてきました。すでに新城市第1次総合計画（2008年策定）のなかで、市職員は「市民主体のまちづくりを支える事務局」だと定義しています。

地域自治区運営のコーディネーター役となる自治振興事務所長を行政職員ではない地域住民自身に担ってもらう「市民任用」制を導入したことも、この流れのなかにあります。

「団体自治」の側面でいえば、自治体組織は住民の政治代表である首長の「補助機関」となるでしょうし、「住民自治」の側面でいえば、地域共同事務執行の専従部隊であり住民自治の事務局となります。「励ましの地方自治」をこの面に落とし込んでみるとどうなるでしょう。

（松下）「後押し」と考えると、励ましの意味が明確になります。後押しの前提に、それぞれの主体性・当事者性があり、その力を存分に発揮させるパラダイムが「励まし」ですね。今ある力を120％発揮してこそ、自治が生き残れると考えています。とりわけ自治体組織は、これまで統制の主体と考えられていたので、「励まし」への転換は、コペルニクス的ですね。

（穂積）地元の愛知大学地域政策学部の戸田敏行教授は、新城市職員への大規模な聴き取り調査を踏まえて、「感動行政」というコンセプトを提唱しています。地域住民と自治体職員との間で仕事を介して生まれる

「感動体験」に着目し、ここに行政運営のエネルギーを見いだそうとする研究です。「励ましの自治」と相通ずるものを感じています。

2．ポピュリズムの風潮といなし方

　ポピュリズムは、もともとは、ナショナリズムに対応するもので、きわめて民主的なもののはずであった。しかし、今日では、無責任、付和雷同、口だけ、迎合など、民主的とは正反対の意味で受け取られている。住民自治は、下手をすると、ポピュリズムに堕してしまう。ポピュリズムのいなし方を考えてみよう。

(1) ポピュリズムの風潮
・ポピュリズムの強い風
　（松下）この10年くらいで、政治行政の世界に、ポピュリズムの風が吹き、それがどんどん強くなっているように感じています。実際、それに迎合するような公約を掲げる（そして当選し、その後、撤回する）市長さんたちも現れています。

　（穂積）この問題はあまりにも広範囲の論点を含んでいて、私自身は十分な答えを持ち合わせていません。ただ少数エリートによる政治独占に戻ることはあり得ない以上、ポピュリズムの脅威という地雷原を、覚悟をもって進んでいかなければならないのが、現代政治の宿命だと思います。

　（松下）政治学では、貴族政が最も優れた政治形態だと教わりますが、しかし、私たちは民主政のなかで、道を探っていかなければなりません。ポピュリズムの風は、為政者の個性や時のはやりのような表面的な話ではなく、社会全体の構造的で根深い背景がありますね。

・ポピュリズムの源流
　（穂積）先の「信託論」とも関係してきますが、誤解を恐れず言えば、民主政治は「建て前」によって成立している世界です。国民は政府と信託契約を交わしたことなど実体としてはないけれど、そのようにみなそ

う、そういう原理として了解しあっておこう、という「フィクション」が基底にあって、憲法や基本法などにそれが記述されている。そしてその信託関係を正統化させる装置が選挙です。

（松下）確かに信託契約書にハンコを押した覚えはありません。以前、本に、このことを書いたら、怒られたことがありました。これは「言ってはいけないこと」なのかもしれません（笑）。

（穂積）気をつけなければならないと思うのは、近代をつくった西欧的な信託論は、王権神授説のような「神の支配」をめぐる深刻な格闘を伴っていることです。市民の政府はなぜ正統化されるのか。人は生まれながらにして平等との「天賦人権説」が生まれ、神の下では皆平等との驚愕の思想をテコに、統治行為を占有する政府と市民との間を社会契約の原理で関係づけることに成功したのが信託論だと思うのです。考え抜かれた思想です。

それに比べて、日本での信託論には、どうもとことんまで突き詰めてみた深みがなく、形式論としては整っていても、実体の権力関係からも国民心理からも遊離しているように感じるのです。

・ポピュリズムが顔を出すとき

（穂積）時々の意見の違いや利害の対立をもとに政治上の対抗関係が生まれたとしても、この土俵の上で大多数が平穏裡に共存できるとしたら、全成員の間により大きな共通利益や同質性がある場合です。全体の経済的果実がある程度合理的に利益配分され、外部により大きな脅威が存在している環境下などでは、民主制契約原理の枠で全体のまとまりが維持されます。

（松下）たしかに、ルソーも民主主義が成立する場合として、第1に、国が小さく、人民が容易に集まることができ、お互いが知り合うことが容易なこと、第2に、習俗がごく簡素で、習慣がきわめて単純で、多くの事務や面倒な議論をしないですむこと、第3に、人民のあいだで地位や財産がほぼ平等であること、第4に、奢侈がきわめて少ないか、まったく存在しないことの4条件をあげています（ルソー、井上幸治訳（2005）

『社会契約論』中央公論新社、第3篇第4章)。

　(穂積)　富の極端な独占や偏在、受忍限度を越える格差、抑圧、疎外等々が広がったときは、民主政治の建て前が通用しなくなります。問題なのは、社会の亀裂に乗じ、むき出しの敵意や憎悪を煽るキャンペーンを選挙道具にして支持を広げ、それを元手に権力獲得をめざす政治行動を抑制・排除する機能が、これまでの民主政治には備わっていないことです。形式の上では民主政治の手続きに沿って行われているものを、排除はできないからです。

　(松下)　愛知県知事のリコール偽造事件では、何十万もの名前を署名簿にリストから書き写し、リコールが成立しなければ、名簿のチェックがないことをいいことに、「ほら、こんなに反対者がいる」と誇示しようとしました。そんなことをやるなんて、法制度は予測していませんでした。

　こうした振る舞いが民主主義への絶望となって、一方では専制主義への期待のような形で表れ、他方では、ポピュリズムを強めています。

　(穂積)　それでも、ヘイトスピーチの禁止、ファクトチェックの丹念な積み重ねなどの対抗手段が少しずつ生まれ、強化されていますが、この方向に一つの道筋があるように思えます。

　ここには古くて新しいあの問い──「自由を返上する自由」や「民主政治を遺棄する民主政治」は許容されるか、という根源的問いがあるのではないでしょうか。

(2)　政治行政問題ではなぜ二項対立的に考えるのだろう
・二項対立的な問題設定の不思議

　(松下)　小泉さんが、総理大臣のころからでしょうか、二項対立的な問題設定が目立つようになりました。白か黒かの選別です。

　しかし、会社で仕事をし、社会で暮せば、世の中、正義か悪か、白か黒か、そんな単純でないことは、いやというほど体験しているはずです。どれも苦渋の選択であったはずです。そうした体験を持っているはずな

のに、こと政治や行政に対すると、二項対立的な思考に陥ります。なぜなのか不思議です。

（穂積）現代政治が「民意」の獲得競争の上に成立している以上、この方面での技能を発達させた側に優位性が生まれてきます。これは避けられない現実と思います。

　私自身、市庁舎建設問題で住民投票や市長リコールを経験しましたし、間近で大阪都構想の住民投票や名古屋市議会リコール運動なども見聞きしてきましたが、こうした「A案かB案か」を直接民意に問う運動では、争点設定に成功した側が優位に立つと痛感します。シンボル操作の巧拙が政治的結果を左右するのです。

・シンボル操作の巧拙

（松下）ワンフレーズで、ピンとくるスローガンを示せた方が、成功するのですね。そんな単純なことを言うのは、照れるし、大人としては躊躇しますが、そこを見切った人が勝ちということですね。

（穂積）住民投票を始めとした直接民主制の原則は、住民の中に判断のもとになる知識や情報量に大きな違いがあったとしても、全住民が直感的に判断し、選択できる問いを用意しなければいけないことです。また「どちらでもない」とか「代表者で決めてくれ」とかの答は用意されるべきでないということです。

・ポピュリズム的手法を乗り越える

（穂積）だからこそ争点ならびに論戦のつくり方や主張の広げ方などに、高度な政治能力が求められてきて、ポピュリズム的手法を非難するだけでは足りず、それを凌駕するような力を開発できなければならないのではないでしょうか。

（松下）そんなことをやっていると、結局、自分たちの首を絞めるだけなので、自治基本条例では、住民投票の前に熟議の機会をつくるとしましたが、まだまだシステム開発が必要ですね。

（穂積）もう一つは結果責任を誰が負うのかの問題です。最終決定を下した者が責任を負うのが原則だとすれば、「民意」の責任制はどこで担

保されるべきか。たとえばスイスは直接民主制を広範に採用し、国レベルでも地方レベルでも住民投票が日常茶飯に行われていることで有名ですが、そのこととスイスが国民皆兵制度をとり、国家防衛の責任を直接全国民が負っていることの間には対応性があるはずですが、こうしたシビアな議論は日本ではまだ成熟していません。だからこの問題については、われわれ自身がまだまだ学習の過程を必要としているのだと思います。

（松下）これは、以前、本にも書いていて、投票多数のやり方でやったら、結局、損をしたという場合がしばしばありますが、その場合、誰が責任を取ってくれるのかという問題です。地方自治法では、この答えを用意しておらず、みんなで決めたのであきらめましょうということになります。

　二項対立的な決め方は、結局、ブーメランのように、自分たちに戻ってくるので、二項対立的に決めた結果をフォローする制度的な担保を考えるべきときですね。

（3）選挙という仕組みとポピュリズム
・選挙という面からポピュリズムを考える

（松下）代表者を選んで政治を行うという方式は、現実的で実践的な方法だと思います。しかし、この制度がうまく機能するいくつかの前提条件がありますが、現在は、制度疲労を起こしています。公開政策討論会条例は、そこに一石を投じる提案です。

（穂積）民主社会では、選挙はある意味で政治の神髄であり、どんな選挙がやられているかを見れば、そこでどんな政治が行われているかを理解することができます。

　選挙を主に候補者や政党に焦点を当てて見たり、政策上の利害得失で団体票・組織票の行方を検証したりすることから離れて、選挙の場に集まってくる選挙民一人ひとりの意思や行動の面から見ると、違った風景が見えてきます。そこでは個々の目先の利害では説明できない動機や思

いをもった人々が多数結集します。その内容は千差万別でしょうし、言語化できないものもあります。

・**熱心に選挙活動を行えば行うほど、しらけやポピュリズムが生まれてくる**

（松下）選挙について、穂積市長は、「自陣営の囲い込みと自己過熱を競い合って、そこに注ぎ込まれたエネルギーの総量に応じて勝敗を決する構造になっている。投票率が50%とすれば、他の50%はその熱の圏外にいて冷やかにこれを見ている」（市長ブログ・山の舟歌）と書いています。選挙に出たことがない者にとっては、とても印象的な発言ですね。

（穂積）特定の候補者や政党を選挙で勝たせようとする行動は、何を原動力にしているのか。すべてがそうだというわけではありませんが、コアになっているのは、かなりピュアな熱意なのです。そもそもが１人の人間の決意に始まって、最初はほんの数人、そしてそこから次第に輪を広げていくのですが、そこで伝播され結集された熱量の力が選挙運動をつくり、いずれは勝敗を左右するのです。これは保守・革新の別なく共通しているものと、私自身は実感しています。

（松下）まちづくりでも同じですね。何かを実現しようという行動のきっかけや推進力は、「熱意」ですね。

（穂積）人は人の 志 に共鳴・共振する存在だということを選挙の場は証明しますが、日本の場合はそれが個の関係性に依存している面が強いのではないかと思います。思想原理や諸政党の政策プログラムが持つ訴求力以上に、こうした関係性を縦横に組織化し、そこに政治的意味を与え、その関係性のメンテナンスのために政策的利益を還元することを重視する手法です。それを最もよく体現し、政治力の源泉にしているのが自民党の強みと言えるのではないか。自分の体験や見聞から、私はそう見ています。

いずれにせよ、この場に注ぎこまれたエネルギーの総量で、選挙の結果が決まることは間違いありません。ただこれが惰性化し、決まり文句が横行し、支持基盤の棲み分けが固定化してしまうことの危惧はいつも

感じるところです。そうすると「身内」の熱量勝負だということになってしまいます。

・候補者の本音・高い投票率は望んでいないのではないか

（松下）ということは、囲い込みができる範囲が限定されていた方が良くて、浮動票が多くなると、この囲い込みができないということになります。投票率が高くなると、投票者のコントロールが効かないということで、候補者の本音のところでは、今のまま、低投票率のほうがよいと感じているのではないのでしょうか。

（穂積）これはもう候補者側の心性問題ではなく、選挙制度の問題だと思います。最低投票率や最低得票数が法定され、それに達しなかったときは再選挙や決戦投票になる制度であれば、状況はまったく変わるでしょう。もちろん「棄権」にペナルティが課せられる制度でも違ってくるでしょう。

　今の日本の選挙制度では、投票率の低下が候補者側にも選挙人側にも不利益にはならないので、想定投票率のなかで勝敗ラインを設定し、そこから計算した得票数を目標に選挙戦を組み立てることが、最も合理的でリーズナブルな選択です。

・新城市の市長選挙における公設民営型の公開政策討論会（条例）の意義

（松下）新城市の市長選挙における公設民営型の公開政策討論会（条例）は、この合理的選択に、一矢を報いる試みですね。

（穂積）新城市の市長選挙における公設民営型の公開政策討論会（条例）は、選挙運動のまわりにいるより広い市民へのはたらきかけや政策開示の場を、市行政が担保する仕組みです。根底にあるのが、市民の知る権利ならびに市政参加の機会保障の考え方です。より広い人々の参入を促すことを、個々の候補者側に求めても「コストに合わない」現状を打開する、ひとつの試みでもあります。

・信託の最低ライン

（穂積）「信託関係」が成立するとみなされる最低基本ラインをどこに定めるか。「供託金」制度がありはしますが、これは売名行為や乱立不調を

抑止するためであって、信託関係を問うものではありません。民主政治の生命維持のために、ぜひ議論をすべきと思います。

　自治体が行う住民投票では、投票率が50％を割ったら開票せずに不成立を宣告する事例も生まれていますね。これも一つの信託関係を問い直すものだと思いますが、たとえば憲法改正の国民投票ではどうするのでしょう。今は単純多数で結論を出す仕組みだと思いますが、本当にそれでいいのか。最低投票率を決めて、それに達しなかったら何度でもやり直すくらいの慎重さがあってもいいし、あるいは「国民の総意」を大体どのラインで決めるのかをあらかじめ大きく合意した上でやった方が、「後遺症」は軽くて済むのではないでしょうか。

　（松下）　大選挙区の議員選挙の場合は、驚くような少ない投票数で当選します。都市部では、5割を切るような投票率も普通です。議員定数は、有権者の数に応じて決められているのだから、50％の投票率ならば、当選者は定数の5割にすべきだと提案しています。信託率が5割なのだから。そうすると、投票率を上げるために、みんな一所懸命になりますね。

　（穂積）　ご指摘の点は、「一票の格差」に基づく「定数是正」のときに、山間地の選挙民から必ず起こるブーイングの感情的根拠にもなっています。投票率が80％の地域と20％の地域とを、有権者の絶対数だけで比較するのはおかしいではないか、との気持ちです。有権者の義務を果たしてから言え、ということにもなります。

（4）多選をめぐって
・多選をどのように考えるか

　（松下）　多選が良いか悪いかは、一概には言えないのはもちろんですが、穂積さんは、次期は出馬せずの記者会見の中で、多選の是非については語らずとしていますが、長くなると有権者はしらけますね。自治経営者として、どのようにお考えですか。

　（穂積）　行政執行の多くは法定事務の積み重ねで、その範囲では「誰がやっても同じ」ではありますが、人間の個性や仕事のスタイルはすべて

の細部に反映します。大きな政策判断や重要性の順位づけになれば、さまざまな利害関係や部門リーダーの力量も影響してきます。

　首長の総合的判断では、その政治的指向性も少なからぬウエイトを占めてくるので、長い年月のなかではその「クセ」みたいなものが良かれ悪しかれ染みつき、役所内のコミュニケーションサイクルに強い作用を及ぼすこともあります。

・裸の王様

　（松下）そうでしょうね。それをみなが忖度する。役所内部で市長の力は圧倒的に大きいし、当選を重ねてくると、役所の経営層で、自分が一番の古株になる。仕事もよく分かるので、ブレーキが利かなくなりますね。

　（穂積）その通りです。時の積み重ねは恐ろしいもので、知らず知らずのうちにそういう傾向が職責に付着してきます。

・多選禁止の考え方

　（穂積）これを大きくリセットすることの効用は必ずあると思います。それをいつ、どの時点で判断するかは、そのトップの考え方で大きく決まると思いますし、その判断を誤れば有権者からの厳しい審判を受けるということではないでしょうか。

　そして、その判断がとても難しいのが、世の常です。期数制限をかけるのも一つの知恵だとは思いますが、万能の解決策とも思えません。その期で自動的にいなくなると分かっている人のリーダーシップはどう維持されるか。任期一期限りの韓国大統領制などを見てるとつくづく思うところです。

　（松下）一般的に言えば、とてもいい人なのに、回数で終わりとするのはもったいなのですね。期数制限をかけない分、本人の自己規制、自律が問われます。

　穂積さんと何回か、市民会議等にご一緒させていただきましたが、事務局が答弁を求められたとき、穂積さんなら、あっという間に答えるだろうに、じっと事務局の答弁を待っているというところに、感心したこ

とがあります。私なら、すぐに話しだしてしまうかもしれません。その自制的なふるまいも心しているのですか。

（穂積）どんなプロジェクトでも空想では実現できないのと同じで、空想の人材を使って仕事をすることはできません。今ある人材集団の力に依拠し、その人々が自ら出した最高の答にもとづいて行う以外にはありません。職員集団が考え得る最高の答を見いだせるように条件を整え、課題を整理していくのが私のやることと考えてきました。

（松下）穂積市長は、選挙のたびに、新しい政策をマニフェストに掲げている。こうした新たな問題提起も、惰性と無関心を防ぐ方法のひとつですね。

(5) 統治機構の課題
・議員とポピュリズム

（松下）住民代表が、しっかりやっていれば、ポピュリズムの問題は起こらないと言えます。しかし、個人の努力以外の制度や仕組みの問題も大きいですね。

調査によると、市民の6割は、議員は何をやっているか分からないと言っています。議員のほうにも言い分はありますが、これが政治不信やポピュリズムの風潮に、輪をかけています。そもそも、日本の地方自治制度は二元代表制で、それはテキストには、ともに住民によってえらばれた市長と議員が、両者の緊張関係のなかで、政策競争をして、よりよい政策を実現していく仕組みだと書かれています。

（穂積）率直に言って、二元代表制のロジックを額面通りに遂行できているかは、きわめて怪しいと思います。そもそも首長と議会との権能の非対称性は歴然としていますが、それは予算提案権が首長側にしかないとか、法定権限においても議会は制限列挙、首長は概括列挙プラス広範囲にわたる個別裁量権・専決権保障で差異があるとかの問題、つまり執行機関と議事機関との役割の違いで説明できる問題にとどまりません。

・権能の非対称・議会

（松下）　首長は、その町の住民でなくても立候補できますが、議員には、地域要件があります。その分、民主性が強い選ばれ方になりますが、権能には非対称性があるという。特に何が問題だとお考えですか。

（穂積）　私が一番問題だと感じているのは、議会には自己コントロールの力が与えられていないことです。近年の法改正で少し改められつつあるとはいえ、議会の招集権自体が首長側にしかありません。議会は議員が集まって議論し、執行部事務を質し、自治事務に法的根拠を与える議決を下す場ですが、その機会を自分では招集できない。

　さらに議会運営の費用も首長から提示され、執行されるばかりです。議会運営の実務を担うスタッフ（事務局）にいたっては、首長の補助機関職員から人事ローテーションの一枠として配置されているだけです。それを正当化する法的根拠はどこにあるのか。地方自治法のどこを読んでも得心のいく答えは見つけられません。

　独立した意思をもって自己決定する権能を持たない議事機関が、期待される役割を果たせないのは避けられず、そこでいつも執行部提案の追認か拒否かの狭間で苦しんできたと思うのです。

・議員のなり手

（松下）　歴史的には、議員は、地域の名望家が役目として議員になる制度として生まれてきました。しかし、地域の名士が選挙に出なくなるなかで、議員も「仕事」となり、「給料」も出るようになりました。ただ、金額的には中途半端で、魅力は乏しいのが現状です。

（穂積）　これも私は地方議会を外側から見ているだけなので、白黒をつけるような発言能力はありません。地方議会には「レイマンコントロール」的な役割も付与されていると思うので、どうも一概には言えそうもないのが実感です。多様な選択肢の中から自治体ごとの判断があってもいいのかもしれません。むしろ地方議員側からの積極的提言を聞いてみたいです。

　一方、小規模自治体では、議員のなり手自体が先細りしている実情が

あります。あの報酬でやれというのは余りにも無理があって、兼職容認や報酬アップで対応する例が出ているのも当然と思います。しかしそうだとすると、財政力に比して過重な負担にもなりかねなくて、誰がそれを担保するのかの議論が残ります。

（松下）たしかに、今のままでは、他を削って、議員報酬をアップしろという議論は難しいですね。いっそ議員を高度専門職にして少数精鋭とし、それにふさわしい給料を払うべきと考えていますが、こうしたルールを決めるのが議会で、その話し合いで決めるので、結局、現状追認的な弥縫策に終わってしまいます。

・首長独任制の意義

（松下）首長については、独任制なので、議員よりは見える化が進んでいるので、「何をやっているか分からない」という比率は、それほどではないですが、それでもポピュリズムとは無縁ではありません。むしろ大勢で一人を選ぶ制度のため、ポピュリズムにはまりやすいと言えます。

（穂積）まず地方自治における首長独任制ですが、これを大統領制とのアナロジーで語る向きもありますが、私自身は、この独任制は、国の下請け機関としての機能との親和性が高いものだと考えています。機関委任事務執行官としての首長です。国による監督・統制が前提にあるからこそ、1人の人間にこれほどの権限集中を可能にさせたのだと思います。

（松下）なるほど。歴史的にも県知事は、国の役人でした。

（穂積）大統領制では、法律提案権は議会の専権事項とするのが原則のはずですが、今の自治体メカニズムにあっては、首長に予算措置と一体となった条例提案権が付与されていて、議会の提案権は形の上ではあっても実効性を伴う条例提案は難しくされています。行政権優越の実体です。

・地方分権改革と首長独任制

（松下）地方分権では、自治体の首長に、権限がさらに強化されました。

（穂積）地方分権改革では、首長独任制の本質的検証が果たされずに、機関委任事務の廃止を筆頭に国との関係性が変更されたので、独任制のい

びつさが際立ったものの、逆に首相公選制や大統領制との類推で自治体首長の強力なリーダーシップが称揚される構図になってしまいました。

　私は、現下の地方制度に潜む政治的リスクは、ここにもあるのではないかと思っています。都道府県知事の権限ともなれば、さらに巨大なものです。

（松下） テレビに出て、うまいワンフレーズを言う知事が評価される傾向にありますね。

（穂積） 執行機関内部のパワーバランスも大きく変わっています。首長の教育委員会への関与などがその典型例です。「選挙で選ばれた代表者」が教育行政も直接コントロールすべき、とのロジックです。教育委員会が名誉職化したり、運営が形骸化したりする事例もあるので、必ずしも悪いことばかりではないものの、教育の政治からの独立性や中立的安定性という価値観が崩される危惧が残ります。新城市では、この法改正（「地方教育行政の組織及び運営に関する法律」の改正・2015年施行）にあわせて、教育の政治的中立性、継続性、安定性を堅持する旨の「教育憲章」をあえて制定しました。

　また農地の転用許可等を農業者自身が関与・執行するとの主旨で設置された農業委員会も、公職選挙法を準用した選挙での選出から、首長の任命制に切り替えられました。

・地方政治の在り方・議院内閣制の可能性

（松下） こうした中で、地方自治でも議院内閣制を採用すべきという意見が根強く主張されています。穂積市長もそのような発言をしていますね。たしかに、政治学では、大統領制よりも議院内閣制の方が優れているとされています（トランプ大統領の出現で、その感を強くしました）。ただ多くの人は、今一つピンとこないと思います。このあたりについては、どのようにお考えですか。

（穂積） 実際の運営においては自治体の規模が大きく影響してくるように思えます。たとえば指定都市以上の大規模市や都道府県単位になると、今よりも権限、能力、スタッフ機能を引き上げた議会が、執行機関

のチェックと条例提案などの自治立法権を司る本来の二元代表制が望ましいのかもしれません。そして都道府県知事や政令市長は国会で地方代表の別院を構成することで、国政に対する議事機能を果たし、ある種の集団的統制を働かせるのです。

（松下）　小規模自治体ではどうですか。

（穂積）　中小規模の都市や町村では、「議院内閣制」というよりも、法人団体における理事会や取締役会に近い形の運営ができるかもしれません。住民から選出された議会が取締役会の役割を果たし、議長が代表権をもつ市長となる。取締役会としての議会は、事務執行を指揮・監督するとともに、そこに直接の責任を負う。つまり、行政権と立法権を分ける形式を引き写す必要はなく、執行機能と議事機能を一体化させた機関をつくるわけです。

・さらなる模索の必要性

（松下）　これを地方自治に当てはめてみると、市会議員が、建設部長、福祉部長になるということで、そのうちのリーダーが市長になるということですね。

（穂積）　もっとも以前、地方議員を経験された方に、地方自治も「議院内閣制」的な形をとったらどうなりますか？と問いかけたら、議員の間で人事のたらい回しやお手盛りが横行するだろうと、即座の反応が返ってきました。実態から想定するとたしかにうなずけなくもありませんね。またこの形態をとった場合は、地方議会の政党系列化が進む可能性もあります。いろいろと思考実験をしながら、新しい形を追求していくべきでしょう。

（6）　ポピュリズムをどのようにいなしていくのか

・ポピュリズムをどのようにいなしていくのか

（松下）　このポピュリズムをどのようにいなしていくか。難しい問題ですが、地方自治の研究者にとっても、政治リーダーにとっても、避けられない課題です。私は、その解決方法のひとつとして、市民が当事者と

なる仕組みを提案しています。

　（穂積）ポピュリズムが民主政治の形式をとって力を得ていくものだとすれば、ポピュリズムと効果的に対抗するのは民主政治の内実を広げることだと思っています。

　ポピュリズムを受け入れ、積極的な支持を与えていく人々は、自分たちが正当に扱われておらず、何者かによって本来の利益が奪われていると考え、その勢力を排除することに希望を託そうとする人々です。

　そう描き出す社会経済状況をたえず改善し続ける努力がなければ、ポピュリズムの芽を摘み取ることはできないと思います。

　権利の主体と対象領域を広げ、すべての人が政治過程のなかで正しく扱われていると感じとれるような、政治制度の絶えざる改革や補強が必要ではないでしょうか。「市民が当事者となる仕組み」という松下先生の考えに同意します。

・市長という仕事の神髄

　（松下）あれこれ考えると、市長という仕事は、一人で何役もやり、気が鎮まるときのない、難しい仕事ですね。

　（穂積）トップの仕事は、代表すること、決定を下すこと、責任を負うことの３つに集約されると思います。地方自治体の仕事全体を代表し、責任を負っていくわけですが、国の内閣制度と違って「独任制」に立っています。内閣は合議機関であり、また通常は政党組織を通じて官僚機構を操縦していくのに対して、自治体の首長制は１人に集中された権限の下に補助機関が指揮を受ける形をとっています。

　すると首長の仕事は補助機関の質・量に大きく左右されます。日本の地方公務員集団は、基本的に真面目で有能、かつ職務に忠実な人たちの集まりです。この職員集団を信頼し、いつでも責任を負う覚悟をもって臨めば、特別の能力や専門知識が必要とされるわけではありません。

３．第４の改革としての新型コロナ騒動

　2020年の２月以来、社会は新型コロナウイルス一色になり、自治体の

仕事もコロナを基軸に動くようになった。これまで明治維新、戦後改革、地方分権改革と地方自治の改革を経てきたが、災い転じて福となせば、コロナ禍は、1999年の地方分権改革以来の大変革のチャンスになるのではないか。

（1）新型コロナ騒動のなかで

・新型コロナと市町村

（松下）新型コロナウイルスに対して、国と県、市町村とは役割が違います。そのなかで、市町村として留意したのは、どんな点でしょうか。

（穂積）感染症との戦いは、究極的には医療体制の総合力の勝負になるのだと思います。直接の医療行為だけではなく、保健所機能を中心とする公衆衛生の体制、ワクチンや治療薬の開発・確保の体制なども含めたもので、それとウイルスの感染力・致命力のどちらが上回るのかの戦いです。それともう一つが経済的損失を補填する国の補給力で、長期戦になるほどこの力が問われます。

この両面（医療体制と経済的補給力）に対しては、保健所機能を持たない一般市は直接の権限もコントロール機能も与えられていません。ですから国や県の対応方針を受けて、今がどの戦略段階にあるのかを地域事情も加味して判断しながら、国・県の対策を可能な限り補完・補充することが基本ラインになると思います。

国と自治体との「近接・補完」の原理を、逆方向で作用させることを意味するかもしれません。危機管理対応では、司令塔の所在に応じて、こうしたスイッチの切り替えをためらってはならないと思います。国・県の大枠方針ではどうしてもこぼれ落ちてしまう問題への対応や、経済対策での自治体独自の上乗せ策の検討など、市町村はみなそのことに知恵を絞ったのではないでしょうか。

・心理的防波堤

（穂積）それとともに、住民に一番身近な行政府の長として、感染拡大防止のための「心理的防波堤」として立とうと意を固めました。「見えな

い脅威」に直面すれば、誰しも不安や疑心にとらわれ、情報の錯綜に振り回され、デマや誹謗中傷のたぐいが出回りやすくなり、犯人捜しや差別・排斥が起きがちになります。

　感染者と家族、そして医療従事者ら感染リスクと向き合いながら最前線で取り組む人々を必ず守り、この方々への差別や排撃はどんなものでも許さないこと、互いを支え合ってこそ感染拡大や経済打撃を最小に抑えられることを呼びかけ続け、この面の盾として立つ姿勢を伝えることです。

　（松下） 本文でも書きましたが、ここが穂積市長の真骨頂ですね。

　（穂積） トップの言動で、人々の考え方を変えられるわけではありません。ただ人々の気持ちのなかにすでにある、さまざまな心情に、公認のサインを送る役割を果たします。たとえば感染確認の報告をするときに、少しでも感染者に落ち度があったかに受け取られる言葉を使えば、それは感染者を罪人扱いにしていいのだというサインになります。反対に、それは許されないことだと言えば、その通りだと思う気持ちに後押しが加えられます。

・ワクチン接種では

　（松下） ワクチン接種では、市町村の考え方や力量の違いが鮮明になりましたね。この評価も、接種率だけで一面的に判断すべきではありませんね。

　（穂積） ワクチン接種では、いよいよ市町村が実施責任者となります。かつてないオペレーションですが、接種体制の構築から予約システムの整備にいたるまで、自分たちでコントロールしなければいけないこと、またコントロールできることをしっかりとグリップし、たとえ国の計画に乱れが出ても、住民のなかに混乱やストレスが広がらないよう、多少の後先はあっても希望する全ての人が安全・確実に接種できるよう力を尽くすのみと思います。

（2）新型コロナ騒動が明らかにしたもの

・政治行政システムの弱さ

（松下）　新型コロナウイルスは、さまざまな問題を提起しました。その最大のものは、日本の政治行政システムの脆弱性だと思います。その場その場の場当たり感、出遅れ・後追い感に、多くの人が失望したのではないかと思います。

（穂積）　1億程度の人流をコントロールできず、5千万世帯程度への資金補給がもたつき、重症者が千人規模になると医療崩壊だと言われ、戦略物資たるワクチン確保にも出遅れた。2020年4月最初の緊急事態宣言以来の政治行政対応が形にしたものを概括してみれば、こんなところかもしれません。

　多くの国民が唖然とし、悲しい気持ちになり、現場の対応力で何とか持ちこたえている現状を前に「この国は大丈夫か」と、心配になったと思います。

（松下）　デジタル化もこんなに世界から遅れているとは思わなかったですね。

（穂積）　スマホ画面をワンクリックすれば注文のサービスが届くという風には、日本の政治行政体制はなっていません。そうできたら、との願望も、やろうと思えばできる技術手段もありはしたが、そうしようとはしなかった。それは政治行政システムやそれを起動させているメカニズムを、丸ごと入れ替えるグレイトリセットに近い力仕事なのでしょうが、先延ばしにされてきたことです。

・手作業の国・ニッポン

（松下）　私はある程度知っていましたが、連れ合いは、心底「えっ、日本て先進国じゃなかったの？」とがっかりしていました。

（穂積）　行政内部にいてつくづくと感じることですが、日本は「手作業の国」です。デジタルシステムを導入してはいるが、それは最終的な手作業を補強したり、ときには余計にややこしくしたりする機械仕掛けのようなもので、毎年巨額の費用を投じている割には目に見える効果を上

げているとは思えません。

（松下）　パソコンで表をつくって、それを紙に打ち出して、ファックスで送って、相手は、またパソコンに入力するといったことをやっています。

（穂積）　歴史学の世界で、近代を準備した社会構造の変化について、イギリスの「産業革命」に対比させて日本のそれを「勤勉革命」とした理論がありましたが、まさにその精神性が連綿として続いているのではないでしょうか。「手づくり」「物づくり」への礼賛は神話の域に達しているし、最後はそこで自己確認できないと安心できない。せっせと余計な仕事を作り続けて、追い立てられるように働かないと、不安から逃れられないかのようです。

（松下）　2040年問題で、総務省は、スマート自治体への転換をうたっていて、私は、そんな技術的なことではなく、もっと構造的な対応が必要だという本を書きましたが、総務省は、問題の所在を的確に押さえていたということになるのでしょうかね。

（穂積）　総務省の2040戦略は、市町村の現場からは不評をもって迎えられました。それとは別に、私自身はスマート自治体と圏域行政を主眼に置いたこのレポートに、かなり違和感を覚えています。そもそも国は2040〜2060年に向けて合計特殊出生率を2.06にまで引き上げる目標を掲げています。出生率を行政目標に置くことの是非はともかくとして、では、出生率が2.0超を実現した社会とはどんな社会なのか、地方と中央、大都市圏との関係はどうなっているべきなのか、こういった視点が不可欠なはずですが、2040報告書には1行の記述もありません。政府目標がただの建て前目標に過ぎないと見ているからでしょうか。

　つまり2040年の社会経済状況を想定し、そこからの「バックキャスト」でこれからやるべきことを引き出したとの謳い文句にもかかわらず、一番肝心なこと、出産適齢期の女性とそのパートナーが子どもを産み、育てやすくなる社会状態、あるいは結婚・出産が経済的不利益をもたらしかねない現況を克服した社会経済状態とはどんなものであるのかの、想

像力が根本的に欠落しているように思うのです。

　先ほどの話とも関係してきますが、土地の生産性や収益力によって人口吸引力が決まり、高齢化がもたらす現役世代の負担増と都市の生活環境の悪化が少子化を決定づけたとすれば、少なくとも、土地利用の高度化以上に、移動の高度化、効率化をはかって、それぞれのライフスタイルに応じた生活環境を、多様な選択肢のなかから選び取れる自由を広げる努力が不可欠なはずです。

　この点から見れば、都市と農山村地域との関係性も大きく変わっていくはずですし、その流れのなかで地方行政が果たす役割も大変革が求められます。そこにデジタル化を完備した「スマート自治体」や広域連携を高度化させた「圏域行政」の役割も見いだせると思うのですが、その思想が2040戦略の中に息づいているようには思えないのです。

　そして、いままさに人口の増大に産業面積や資源確保の増加が追いつかずにきた時代から、人口減少と労働力不足にいやおうなしに直面する時代に入っています。ここからどの道を選ぶのか。安価な労働力を手当するための工面に、なおまい進するのか、労働集約型の社会経済構造から離陸する産業革命に踏み出すのか。「DX」の真価が問われるし、政治行政がそのためのダイナミックな資源投下に踏み切れるかが試されると思います。

(3) 第4の改革の可能性
・まちづくりの変化
　（松下）新型コロナウイルスは、さまざまな問題を提起し、地方自治の仕事にも変化が生まれてきた。とりわけ、まちづくりは、激変しました。みんなで集まって、ワイワイやる「まちづくり」はできなくなりました。集まって、話すという文化に大きな影響を与えたといえると思います。
　（穂積）この面は本当に大きな打撃ですね。オンライン会議もかなり普及し、その便利なところはアフターコロナでも受け継がれていくでしょうが、「人が集まる」ことの価値全体を代償することは絶対にできないと

思います。住民自治活動は、明らかにパワーダウンを強いられました。

・ピンチはチャンス

（穂積）それでもこの不利な状況をかいくぐるようにして、さまざまな工夫が凝らされていると思います。とくにウェブとリアルとのハイブリッドでの運用は、若い世代の真骨頂が発揮される場面です。地域社会でも、若い力を取り込めたところとそうでないところとの差が、如実にあらわれてくるのではないでしょうか。若者の地域参加や、あるいは若者が主導権をとった地域づくり活動が、「雨後の竹の子」のように出てくるかもしれません。地域運営における旧い世代のしがらみが、自動消去されることによってです。

（松下）私も社会人となって、会社で働いているゼミ生たちが、リモート会議のファシリテーをやるようになって、卒業すると学生時代の経験が切れてしまうという課題を乗り越える、新しい可能性が開けてきたと実感しています。今回の新型コロナ騒動で、課題が露呈したことを奇貨として、改革のチャンスに変えることが必要ですね。

4．2040年に向けて・地方自治の未来

（松下）日本の地方自治は、これから2040年に向けて、さらに難しく、厳しい時代に入っていきます。そのなかにあっても、新城市が切り開いてきた光もあります。地方自治の未来をどのように切り開いていったらよいと、お考えですか。

（穂積）新城市の総合計画（第1次、第2次）では、一貫して一つの価値観を大切にしてきました。それは「つながる」力です。すべての起点は地域にあり、その中での住民同士のつながり、世代から世代へのつながりが原初の力になって、地域外との多様なつながりへと広がっていきます。

　先ほど、社会開発の目標が「土地利用の高度化」から「移動の高度化」へと移っていく話をしました。ここでいう移動は、もちろん人流だけでありません。情報、物流、資本、技術、教育等々、人間活動のあらゆる

ものの移動が対象となります。ICT、AI、ロボティックス、超高速情報通信等々の技術手段がここに寄与します。社会はもっと流動性の高い、そしてまた流動性が価値創造に寄与するものへと変貌するのではないでしょうか。1人の人間の中にあっても、年代ごとで働き方・暮らし方の移動が起きてくると思います。

（松下）つながる技術手段も多様になりました。

（穂積）行政サービスもそれに奉仕できるよう改められるべきです。今は「申請主義」の美名の下に、役所業務の側に住民を紐づけるため、人々に余計な移動、余計な待機時間、余計な記帳作業を強いています。社会全体にとってどれほど大きなストレスになっているか。

（松下）私自身も、いろいろな会議がリモートになって、移動時間がなくなりました。2時間の会議に結局、1日かけてというのをやっていましたが、その分が浮いて、できることが多くなりました。

（穂積）行政運営の主眼も、個々の自治体区画内での人口増減に目を注ぐばかりで、社会全体のダイナミックな移動性をいかに促進しあうかに、あまり意が注がれていません。

　行政デジタル化が、この流れを抜本的に変革する契機となるのか。正念場だと思います。地域住民自治を起点に、つながる力を四方八方へと広げるプラットフォームになること。これが当面の自治体改革と考えます。

（松下）本日は、長時間にわたり、ありがとうございました。とても面白い議論ができて、感謝申し上げます。

文化を紡ぐ、文化をつなぐ―終わりに

・文化を紡ぐ・文化をつなぐ

　新城市とは、長い付き合いになった。はじめは2008年3月、新城市民会館での自治基本条例の講演会だった。それまで、いくつかの自治体で、自治基本条例づくりを手伝ってきたが、「新城市とは長い付き合いになる」、たしかにそんな予感がした。実際、その長い付き合いのなかで、新城発・全国初の政策づくりにも関わることになった。

　横浜市役所に入って、何度も言われたのが、「全国初の政策を目指せ」であった。ここに全国初とは、すでに書いたように、単に全国で最初に策定したという意味ではない。国や他自治体が切り開けなかった政策課題を乗り越える政策を国や他自治体に先駆けて、全国で最初に策定するという意味である。やや大げさに言えば、地域から社会や国を変えていくというのが、全国初の意味である。

　この全国初を目指すというマインドは、自治体職員を辞め、大学教授をやり、そして大学を定年退職して、「地方自治研究者・実践者」という市民になっても変わらない。

　その私にとって、愛知県新城市との出会いは、まことに新鮮だった。鋭敏な問題意識、自治の本質からの立論、そして市民を巻き込みながらつくっていく新しい政策は、新たな自治の文化を紡ぐ取り組みで、まさに地方自治の新たな地平を切り開くものだったからである。

　その新城発・全国初の政策づくりに関わるなかで、全国初の政策ができる条件のようなものが見えてきた。いわば地方自治の教科書のような実践を記述したのが、本書である。

　そして、2021年は、新城市にとって大きな変わり目のときとなった。新城市の政策をリードした穂積亮次市長が退任することとなった。時の経過のなかで、自治基本条例がスタートした当時、一緒に取り組んだ人たちも、一人二人と後進に道を譲り、引退をし始めている。代替わりは、

社会の常で避けることができないことで、大事なのは、これまで培った文化を断絶させることなく継承し、そして、それにとどまることなく、次の世代の人たちが、新たな文化を創っていくことだと思う。自治のまちづくりのような無形のものを継続することは容易ではないので、自治の文化をつなぐ際のヒントになればという思いで本書を書きあげた。

・終わりに

新城市に通いはじめて、もう10年以上になるので、その間、新城市の魅力的な場所も訪ねることができた。連れ合いとも、新城には何度か一緒に来ている。

そこで、今回、全国初の政策とともに、新城市の魅力スポットもあわせて紹介することにした。一般的な観光スポットとは違う紹介になったが、いかにも新城市らしいものを取り上げることができたと思う。

なお、この新城市の魅力スポットの選定、取材に当たっては、新城市社会福祉協議会会長の前澤このみさんにご協力をいただいた。前澤さんとは、自治基本条例市民会議以来の長い付き合いであるが、前澤さんのネットワークとフットワークで、魅力的な紹介記事になったと思う。

コロナ禍で改めて分かったが、私たちの国は、知らぬ間に、ダイナミズムを失ってしまった。その再生は、市民一人ひとりの内発力という地方自治の基本から、組み立て直していくしかない。その意味でも、全国1,700の自治体の大いなる奮闘に期待したいと思う。

■インタビュー・取材協力等をいただいた方（敬称略）

（インタビュー）
　今井邦人（住民参加・協働ファシリテーター）
　田村太一（株式会社田村組代表取締役）
　穂積亮次（新城市長）
　前澤このみ（新城市社会福祉協議会会長）
　森玄成（慈廣寺副住職・元新城市まちづくり推進課長）

（取材協力等）
　酒井淑規（御菓子司豊寿園）
　白井基之・いくみ（白井茶園）
　新城市まちづくり推進課のみなさん
　新城市自治振興課のみなさん
　新城市生涯共育課のみなさん
　新城市作手総合支所地域課のみなさん
　瀬戸航平（座間市役所）
　鳥原歌舞伎保存会のみなさん
　正木努・早苗（SANAE＆TSUTOMU有機菜EN）

自治するまちのつくり方

—愛知県新城市の「全国初の政策づくり」から学ぶもの—

発行日　　2021年10月7日発行

著　者　　松下啓一

印　刷　　今井印刷株式会社

発行所　　イマジン出版株式会社©
　　　　　〒112-0013　東京都文京区音羽1-5-8
　　　　　電話 03-3942-2520　FAX 03-3942-2623
　　　　　HP　http://www.imagine-j.co.jp

ISBN978-4-87299-887-0　C2031　¥1700E